2022年"芙蓉计划"
——高校优秀思想政治工作者项目《校本红色资源融入高校铸魂育人创新实践研究》
（编号：2022-21）成果

湖南省社科成果评审委一般项目《时代湖湘红色文化融入大学生思政教育路径研究》
（项目编号XSP24YBC463）成果

U0660141

校本红色资源融入高校铸魂育人的创新实践

——以"特立精神"融入高校"三全育人"为例

黄快林　著

长　沙

湖南师范大学出版社

图书在版编目（CIP）数据

校本红色资源融入高校铸魂育人的创新实践：以"特立精神"融入高校"三全育人"为例／黄快林著. --长沙：湖南师范大学出版社，2024.11 --ISBN 978 - 7 - 5648 - 5464 - 5

Ⅰ. G641

中国国家版本馆 CIP 数据核字第 202461UZ59 号

校本红色资源融入高校铸魂育人的创新实践
——以"特立精神"融入高校"三全育人"为例

Xiaoben Hongse Ziyuan Rongru Gaoxiao Zhuhun Yuren de Chuangxin Shijian
——Yi "Teli Jingshen" Rongru Gaoxiao "Sanquan Yuren" Wei Li

黄快林　著

◇出 版 人：吴真文
◇责任编辑：胡艳晴
◇责任校对：朱卓娉
◇出版发行：湖南师范大学出版社
　　　　　地址/长沙市岳麓区　邮编/410081
　　　　　电话/0731 - 88873071　88873070
　　　　　网址/https：//press. hunnu. edu. cn
◇经销：新华书店
◇印刷：长沙印通印刷有限公司
◇开本：710 mm×1000 mm　1/16
◇印张：12. 5
◇字数：200 千字
◇版次：2024 年 11 月第 1 版
◇印次：2024 年 11 月第 1 次印刷
◇书号：ISBN 978 - 7 - 5648 - 5464 - 5
◇定价：45. 00 元

前言

  红色是中国共产党、中华人民共和国最鲜亮的底色。红色文化资源是对中华优秀传统文化的继承、创新与发展,是中国共产党价值追求和中华民族伟大精神的生动体现。用好红色文化资源是高校落实立德树人根本任务、担当铸魂育人时代使命的重要着力点。以习近平同志为核心的党中央高度重视红色传统、红色基因、红色精神的继承和弘扬,作出了一系列重要论述,为探索红色文化资源育人路径指明了正确方向,提供了重要遵循。我们高校的教师应以"特立精神"为学习榜样,认识学习徐特立为创建湖南新教育、新民主主义教育和社会主义教育事业做出的重要贡献,努力使自己成为"经师人师合一"的"大先生",为培育新时代"四有"新人贡献力量。

一、彰显红色文化铸魂育人的时代价值

  红色资源见证了中国革命和建设的光荣历史,昭示了中国共产党的伟大性和社会主义道路的必然性,渗透着党和人民对民族精神的传承、对中国特色社会主义共同理想的向往,是社会主义核心价值观教育的重要载体。

  红色文化是坚定文化自信的思想支撑。中国共产党始终代表着中国先进文化的前进方向,红色文化正是中国共产党及其领导下的人民群众在无产阶级革命斗争、红色政权及中国特色社会主义建设实践中孕育和形成的。同时,红色文化植根于和浸润于中华优秀传统文化之中,其所蕴含的独特精神内涵增强了文化认同,凝结为坚定文化自信的强大精神动力。

红色资源融入高校育人实践是文化育人形态的特殊体现。为实现两者之间的有机统一，首先要利用高校育人活动的可行性、必要性分析来明确红色资源育人的重要意义。红色资源形式多样、内涵丰富，红色资源育人实践应重视物质类和非物质类红色文化的开发与利用，把握好红色资源育人的内容选择。

红色文化是高校铸魂育人的生动教材，具有强大的感召力、亲和力和影响力。红色文化资源中的英雄人物、历史事件和革命遗迹无一不承载着厚重的历史内涵，折射出共产党人的理想信念、初心使命和家国情怀，加深了青年学生对中国共产党奋斗历程的认知理解，进一步坚定政治立场、强化政治自信。对于正处在"拔节孕穗期"的青年大学生，具有无可替代的教育功能。

二、丰富红色文化铸魂育人的深刻内涵

红色文化具有强大的时代感与感召力。新时代，深入挖掘和丰富红色文化资源所蕴含的崇高理想、坚定信念、实事求是、担当作为、自力更生、艰苦奋斗等精神内涵，对于高校铸魂育人有着极其重要的精神引领和实践指向作用。

红色文化蕴含着党的初心使命和性质宗旨，有利于帮助青年大学生坚定理想信念。在互联网时代，青年大学生获取信息的渠道多样、内容多元，深刻影响着其价值观念和行为习惯。高校用好用活红色文化资源，就要强化理想信念教育，让青年大学生深刻了解党走过的路，把红色基因渗进青年血液、浸入学生心扉。

红色文化蕴含着党的历史经验和时代责任，有利于帮助青年大学生牢记笃行实干。现在，我们比历史上任何时期都更接近实现中华民族伟大复兴的目标，更需要将红色基因转化为内心坚守和行动自觉，一步一个脚印地去实现这个目标。高校用好用活红色文化资源，就要以红色力量鼓舞和激励广大青年将个人理想统一到党的伟大事业中，促进青年大学生的知信行合一，自觉地把个人发展与社会发展相结合，到祖国和人民需要的地方实现青春梦想。

红色文化蕴含着党的奋斗历程和曲折道路，有利于帮助青年大学生践

行艰苦奋斗精神。当前，世界正处于百年未有之大变局，我国也已经开启向第二个百年奋斗目标进军的新征程，各类复杂环境和各种风险条件告诉我们，必须准备进行许多具有新的历史特点的伟大斗争。高校用好用活红色文化资源，就是要用红色文化凝聚青年力量和共识，大力弘扬艰苦奋斗精神和务实作风，引导青年大学生赓续革命先辈精神，以积极向上的精神状态投入实现中华民族伟大复兴的实践中。

三、探索红色文化铸魂育人的科学路径

教育是民族振兴、社会进步的重要基石，是功在当代、利在千秋的德政事业，对提高人民综合素质、促进人的全面发展、增强中华民族创新创造活力、实现中华民族伟大复兴具有决定性意义。在经济全球化和文化多元化的今天，高校应在育人理念、载体和方法上找准切入点、结合点和着力点，持续推动红色文化资源与高校育人全方位全过程深度融合，增强大学生对红色文化的情感认同和价值认同。

打造红色课堂，将红色文化资源融入教学实践。当前，绝大多数青年大学生对红色文化是有所了解的，也能积极主动接受和参与，但还缺乏系统性的学习和深层次的理解，这就要求高校教育工作者必须加强红色文化的教学实践。一方面，充分发挥思想政治理论课在课堂教学中的主渠道作用，讲清讲透讲活红色文化资源的时代价值和思想内涵，从历史与现实、理论与实践等维度帮助青年大学生加强认识和学习，增强思想政治理论课教学的吸引力、说服力和感染力。另一方面，积极推动课程思政建设，深入挖掘各学科蕴含的红色教育素材，提炼有感情有温度的红色人物、红色故事和红色精神等红色文化元素，通过寓理于史、寓理于情、情理交融的方式，将专业学习和思想政治教育有机融合。

营造红色氛围，将红色文化资源融入校园文化。校园文化包括了学校校园的历史传统和被师生所认同的文化观念、生活理念等，对当代青年大学生成长成才具有潜移默化的教育功能，高校可以在各类校园文化活动和校园文化建设中嵌入红色文化元素。一方面，深化实践育人功能，创新红色活动方式。聚焦重大历史事件和重要时间节点，精心组织开展有针对性的主题活动；将红色文化融入党团和班级建设，强化思想引领，深入实施

青年马克思主义者培养工程和系列党性教育活动；开展讲述红色故事、传承红色基因等青年学生喜闻乐见的活动，强化对红色文化的认同；组织青年学生深入红色教育基地开展实地参观、现场教学、实践体验等活动，领悟红色精神、感受信仰力量。另一方面，发挥环境育人功效，建构红色教育空间。依托校园雕塑、宣传栏、文化长廊、校史馆、艺术馆等校园建筑和设施，实现红色文化与校园景观设计的有机融合，打造红色文化育人环境。

注重红色宣传，将红色文化资源融入网络媒体。当前，我国舆论生态和媒体格局正在发生深刻变化，互联网已成为青年大学生学习、生活不可或缺的新阵地。这就要求高校要与时俱进，积极探索红色文化传播的新载体、新平台和新方式，拓展传播的场域和空间。一方面，拓展红色文化展现空间，创新红色文化传播方式。利用互联网平台和数字化技术，建设红色网站或媒体平台，或是借助微博、抖音等社交平台，实现网上网下共建、线上线下融合，拓展红色文化宣传教育空间；运用 H5（超文本标记语言）、VR（虚拟现实）、AI（人工智能）等技术手段，打造网上纪念馆、革命遗址和博物馆等，通过"立体化""沉浸式"体验，突破红色教育现实空间局限。另一方面，发挥高校人力和智力优势，推动红色文化资源的创造性转化和创新性发展。在坚持政治性和思想性的前提下，寻找红色文化与青年需求的对接点，通过影视、动漫、音乐、游戏、文创等形式，以更加鲜活立体的形象、更接近青年学生的方式，实现红色文化的创新性发展。

作　者

2024 年 6 月 18 日

目 录
CONTENTS

第 一 章

红色资源及其发展历程

你们应该比前一代怀更大的志气，抱更大的理想，负更大的责任，把祖国建设得繁荣兴旺！

——徐特立

学习目标

◆知识目标

了解红色资源的内涵与本质。

熟悉红色资源的发展现状。

◆能力目标

把握红色资源融入中华优秀传统文化的途径。

能够积极参与红色资源保护与创新实践活动。

◆素质目标

培养认知文化和传承优秀文化的能力，自觉弘扬创新精神、红色文化精神，增强文化自信。

案例导入

让"特立精神"放射出更加耀眼的光芒

徐特立是伟大的共产主义战士、杰出的人民教育家，他热爱教育，终生从事教育事业，为创建湖南新教育、新民主主义教育和社会主义教育事业作出了重要贡献。徐特立一生学而不厌、诲人不倦，是伟大的人民教育家，是广大教育工作者的光辉榜样。如今，"特立精神"已成为湖南教育发展道路上的精神符号和价值引领。

2023 年湖南启动"徐特立项目"建设，用两年时间支持 100 所县域普通高中开展标准化建设。湖南省教育厅等五部门联合公布了 100 所县域普通高中"徐特立项目"建设名单，标志着"徐特立项目"正式进入实施阶段。"徐特立项目"是湖南省政府十大重点民生实事项目之首，建成后将有效扩大优质公办高中教育资源供给，切实改善县域普通高中办学条件。把"徐特立项目"这件民生实事办好、推进湖南教育高质量发展，需要大力发扬徐特立精神，让更多的教育工作者了解、学习和继承徐特立的革命精神和教育思想，让"特立精神"在湖湘教育园地放射出更加耀眼的光芒，为培育时代新人提供强大的精神力量。

学习徐特立艰苦奋斗的创业精神。艰苦奋斗的创业精神是"特立精神"的突出表现。早年在长沙办学时，徐特立虽然面临着无办学场地、无办学经费等困难，但他却以艰苦奋斗、百折不挠的精神，创办了梨江高小、五美学校、长沙师范等学校，培养了田汉、许光达等栋梁和大批教育人才，成为湖南教育界的"长沙王"。1927 年加入中国共产党后，徐特立举起"为革命办教育"的大旗，用革命的精神办教育。在中央苏区，他因陋就简创办了列宁夜校、列宁师范等众多学校，"为发展苏区的教育事业，支援革命战争，作出了很大的贡献""实现了历史上没有的东西"。在陕北边区，面对比中央苏区更加落后的教育现状，徐特立毫不气馁，带领干部群众艰苦办学，相继创办了鲁迅师范、育才学校等学校，并努力办好延安自然科学院，取得了"使全中国震惊"的巨大成就，创造了中国教育史上的奇迹。相比于旧中国，如今的教育实现了历史性跨越发展，湖湘大地各类学校的办学条件得到了极大改善，但艰苦奋斗的创业精神绝对不能丢。广大教育工作者应以徐特立为榜样，用艰苦奋斗、百折不挠、开拓创新的创业精神办好学校，为促进湖南教育高质量发展而不懈奋斗。

学习徐特立终身从教的敬业精神。徐特立热爱教育，毕生"以教书为职业，教育为事业"。他说："教师是一种很愉快的事业，你越教就会越热爱它，当你看到你教出的学生一批批走向社会并为社会作出贡献时，你会多高兴啊。"徐特立从18岁开始教书，蒙馆、小学、中学、大学等各个学段都教过；基础教育、师范教育、特殊教育等各种教育类型都教过。"一生都是教书"是徐特立热爱教育、忠于教育事业的自白，是他对教师职业和教育事业无限热爱的体现。正是由于始终"热爱教育事业不愿改行"，徐特立才能七十年如一日，坚守教师岗位和教育战线，兢兢业业、勤勤恳恳地为教育奉献毕生。如今，绝大部分教师都能坚守教育教学阵地、爱教乐教，但也有一些教师缺乏"专心致志以事其业"的敬业精神。他们把教师看作谋生的手段，做一天和尚撞一天钟，希望工资高却不愿工作累，当遇到待遇更好、更轻松的工作时便把教师职业舍弃了。爱岗敬业、终身从教是师德的核心内容。身处新时代的教师应向徐特立学习，忠诚党的教育事业，把教育作为终生的事业，择一业、干一生，为教育事业贡献毕生心血。

学习徐特立既做经师又做人师的担当精神。徐特立认为，教师担负着光荣而重要的职责，应该是先进分子，是模范人物，是人民的表率。他说："我深深懂得当一个老师负有多么重大的责任。""要对得起国家，对得起家长，也对得起每一个学生，最根本的就是要尽自己的全部力量把学生教育好。"徐特立追求做"人师和经师二者合一的"教师。他提出，教师是有两种人格的：一种是经师，一种是人师。人师就是教行为，就是怎样做人的问题。经师是教学问的。我们的教学要采取人师和经师二者合一的方式，每个教科学知识的人就是一个模范人物，同时也是一个有学问的人。徐特立既重"言教"，更重"身教"，是典型的"身教主义者"。他以身作则、率先垂范，总是以自己的嘉言懿行作为学生的表率，使学生在潜移默化中受到教育。徐特立说："以身示模范，以为儿童之表率，最为重要。"徐特立是人民教师的楷模。他既是学识渊博的"经师"，又是严爱相济的"人师"，既认真教书又潜心育人，为国家培育了大批栋梁之材。他用对教育的忠诚，对学生的热爱，诠释了一名师者的使命和责任。新时代的人民教师，要学习徐特立的担当精神，做立德树人的"大先生"，担负起教书育人的职责，努力做学生这支中华民族"梦之队"的筑梦人，帮学生筑梦、追梦、圆梦。

学习徐特立关爱学生的仁爱精神。徐特立非常热爱学生、关心学生、尊重学生，是关爱学生的典范。他说过，教师应该有知识，但只有知识还是不够的，还要有热情。如爱国的热情，爱自己乡土的热情，爱人民的热情，直接地说就是爱学生的热情。徐特立是这样说的，也是这样做的。无论是学业上、生活上还是思想上，他都非常关爱学生。学生经济上出现困难时，他不遗余力地给予资助，曾将自己的购书折借给田汉买书；天气变化时，他不厌其烦地提醒学生加减衣服；学生晚上不睡觉，他苦口婆心地劝说学生要注意休息；学生患流感时，他冒着被传染的风险到学生宿舍看望学生；在长沙师范当校长时，他还曾给生病的学生打洗脚水。徐特立坚决反对体罚学生，反对轻易采取处分、开除的办法惩戒学生，总是不肯放弃教育者的责任。正是由于徐特立对待学生就像外婆疼爱外孙一样，所以学生亲切地称他"徐外婆"。谢觉哉对徐特立的仁爱精神由衷赞颂："独辟名山业，慈祥号外婆。"爱心是师德之魂。作为新时代的人民教师，要学习继承徐特立的仁爱精神，全方位关爱学生，护佑学生健康成长。

学习徐特立终身学习、学而不厌的学习精神。毛泽东非常敬佩徐特立的学习精神，评价徐特立"是懂得很多而时刻以为不足"，"对自己是学而不厌"。徐特立说："学问是无止境的，活一天就要学一天。"他又说，"学习是没有年龄限制的""只有不断学习，才能永远不衰老"。徐特立出身于贫苦农家，只读了6年私塾就辍学了，广博的学识主要靠长期刻苦自学获得。徐特立在家乡教私塾时，白天在蒙馆教学生，晚上到七八里外王砚秋先生家学习。20岁时，为解决无书可读的困难，徐特立毅然实行"十年破产读书计划"。虽然通晓了经史子集，又学习了数学物理等科学知识，但徐特立仍不满足。28岁时，他离开家乡到省城长沙学习新式教育。为了学习先进教育经验，他33岁东渡日本考察教育。为了求得新知，43岁的徐特立毅然选择远涉重洋到法国勤工俭学，做了一名"扶拐杖的老学生"。51岁时，他远赴苏联学习马列理论。新中国成立时，徐特立已经72岁了，为了鞭策自己学习新知识，他制订了一个"二十年学习工作计划"并坚决执行。直到去世前，他仍手不释卷、刻苦学习。"士不厌学，故能成其圣。"徐特立能成为杰出的人物，与他活到老、学到老的终身学习精神和"懂得很多而时刻以为不足"的学而不厌精神密不可分。今天的教师，身处知识爆炸时代和学习型社会，应当向徐特立学习，树立活到老、学到老的终身学习理念，以敏而好学、学而不厌的学习状态，以"挤"和"钻"的学习劲头，坚持勤奋学习，不断充实自己、提高自己。

"百年大计，教育为本。教育大计，教师为本。"新时代的教育工作者，肩负着培养担当民族复兴大任的时代新人的伟大使命，承载着传播知识、传播思想、传播真理，塑造灵魂、塑造生命、塑造新人的历史责任，应以徐特立为榜样，自觉学习、继承、践行"特立精神"，从中汲取奋进的力量，努力成为"经师人师合一"的"大先生"，为培育新时代的"四有"新人贡献力量。

第一节　红色资源概述

红色资源是中国共产党在革命和建设过程中形成的先进文化资源，能够体现党和人民崇高的革命精神。它反映了中国共产党为了各族群众的解放和幸福而英勇奋斗的光辉历史，见证了人民支持革命、忠诚救国的历程，蕴含着伟大的中国共产党革命精神，是新时代非常宝贵的精神财富。当前，革命纪念馆、博物馆、党史馆、烈士陵园等机构是党和国家红色基因的宝库。我们应当把红色资源视为增强理想信念和加强党性修养的生动教材，讲述好党的故事、革命的故事、根据地的故事、英雄和烈士的故事，加强革命传统教育、爱国主义教育、青少年思想道德教育，传承红色基因，确保红色江山永不褪色。这些红色资源应当被充分利用，以激励和启迪人们传承先烈们的崇高精神，引导和教育今天的青年一代，激发他们爱国爱党的情感，坚持中国特色社会主义道路，为实现国家富强、民族复兴的伟大梦想贡献力量。

一、红色资源的科学内涵

资源是指一切可被人类开发和利用的客观存在。"红色"词语的本义是一种鲜艳夺目的颜色。在革命战争年代，红色象征着中国共产党及其领导的革命事业，如红色革命、红色政权、红旗、红星、红军、红色革命根据地等。红色资源主要是指中国共产党在领导全国各族人民进行革命斗争和社会主义建设实践中所形成的，能够为今天所开发利用的各种精神及其载体的总和。中国共产党成立已百余载，其间经历过第一次国民革命，大革命失败后，进行土地革命，开始建立革命根据地，在民族危亡之际，倡导建立抗日民族统一战线并成为开展抗日战争的中流砥柱，最后夺取解放战争的胜利。中华人民共和国成立后又带领人民进行了社会主义建设的艰辛探索，开创了改革开放的新局面，留下了丰富的物质和精神遗存。

二、红色资源的类型

学者们根据红色资源内涵的不同划分出不同的类型，不管怎么划分，各种资源之间都会有所交叉或重叠，部分学者认为红色资源的主要存在形式有物质形式、文学艺术形式和精神形式。其中，物质形式指的就是遗迹、文物、博物馆、纪念馆、展览馆、烈士陵园等有形的物质实体；文学艺术形式指的是歌曲、舞蹈、影视、戏剧、小说等文学作品；精神形式是红色资源物质形式和文学艺术形式的抽象和升华，也是物质形式和文学艺术形式的灵魂和内核所在，如井冈山精神、延安精神、西柏坡精神、长征精神、雷锋精神、"两弹一星"精神、载人航天精神等。学者张泰城将其分为物质、精神和信息三大类。物质和信息形态的红色资源是有形的，可以直观感受到，精神形态是无形的，需要借助物质和信息性的红色资源作为载体，让人们在进一步的学习过程中将其内化于心、外化于行，达到思想情感上的升华。

（一）物质形态的红色资源

恩格斯表明："物质无非是各种实物的总和。"它是表现为外在的、可直观感受到的客观存在的形态，它的存在是对我党领导人民革命斗争和浴血奋战的最有力、最直观形象的证明。它可分为三大类：

1. 遗址类

遗址类主要包括一些名人故居、各类革命事件的遗址、革命老区和根据地等（见表1-1）。

表1-1　遗址类红色资源

类型	代表性红色资源
名人故居	毛泽东故居、周恩来故居、邓小平故居、彭德怀故居、朱德故居、陈毅故居等
革命事件的遗址	中共"一大"会址、"台儿庄"大战旧址、井冈山革命遗址、遵义会议会址、延安革命遗址、红岩八路军办事处旧址等
革命老区和根据地	井冈山革命根据地、湘鄂赣革命根据地、鄂豫皖革命根据地、川陕革命根据地、中央苏区、大别山革命老区、沂蒙山革命老区等

2. 纪念场所类

纪念场所主要包括革命或烈士纪念馆、烈士陵园及其他（见表1-2）。

表1-2　纪念场所类红色资源

类型	代表性红色资源
革命或烈士纪念馆	黄继光纪念馆、杨根思烈士陈列馆、董存瑞烈士纪念馆、邱少云烈士纪念馆、杨子荣纪念馆、刘胡兰纪念馆等
烈士陵园	川陕革命根据地红军烈士陵园、湘鄂赣边区鄂东革命烈士陵园、湘鄂西苏区革命烈士陵园、抗美援朝烈士陵园等
其他	纪念广场、纪念园、纪念塔、纪念碑、纪念浮雕等

3. 革命历史纪念物类

革命历史纪念物类主要是指在革命战争中留存下来的有纪念价值的一些物品。具体包括革命先辈的日常生活物品、生产工具、枪支武器及革命志士留存下来的书稿、诗词等。比如毛泽东用过的洗脸盆架，周恩来用过的钢笔，朱德的皮箱，贺龙的砍刀、行军包、解放鞋等；解放战争时期用的小推车；罗炳辉日记、朱德题名"井冈山革命博物馆"的手稿、毛泽东诗词等具有纪念和教育价值的革命物品。

由上可见，物质形态的红色资源并不是单一的，它的表现形式各式各样、物质内容丰富翔实，给后人借此资源进行思想政治教育提供了坚实的物质载体。

（二）精神形态的红色资源

精神形态的红色资源主要是指在革命、改革和建设过程中体现出的理想信念和价值追求等（见表1-3）。

表1-3　精神形态的红色资源

类型	代表性红色资源
精神形态	长征精神、西柏坡精神、抗战精神、大别山精神、苏区精神、延安精神、井冈山精神等

（三）信息形态的红色资源

信息形态的红色资源主要指以图片、文字、声像等为媒介表现出来的具有红色价值的资源（见表1-4）。

表1-4　信息形态的红色资源

类型	代表性红色资源
文艺艺术类	书籍类：《保卫延安》《红日》《红岩》《红旗谱》等
	歌曲类：《秋收》《十送红军》《东方红》等
	话剧类：《万水千山》《小萝卜头》《白毛女》等
	影视类：《烈火中永生》《地道战》《红色娘子军》等
文献类	报刊类：《共产党》《热血日报》《红旗》等
传单标语类	（1）中国共产党万岁 （2）一切反动派都是纸老虎 （3）共产党是领导无产阶级革命的党
文件类	《中华苏维埃共和国大纲》《关于准备长途行军与战斗的政治指令》等

三、红色资源的本质特征与功能

中华民族历来重视弘扬爱国主义和集体主义，追求团结统一、勤劳勇敢、自强不息、厚德载物等民族精神。在中国共产党领导下，这种民族精神进一步升华为以马克思主义为指导，以高尚的爱国情怀、坚定的政治信仰、无私的奉献精神、英勇的革命精神等科学的世界观、人生观和价值观构成的观念体系。以这种观念体系为核心，形成了红色文化的价值体系，而承载这些红色文化精神的物质资源，则构成了红色资源的实体形态。由此可见，红色资源是民族精神和时代精神相融合的产物，是中国共产党引领民族精神的重要体现。红色资源既是民族历史的见证和文化瑰宝的集聚，更是培育中华优秀传统文化和道德观念的重要载体和传承平台，具有无法替代的历史价值和现实意义。继承和弘扬红色文化、传承红色资源，是坚定道路自信、理论自信、制度自信、文化自信的需要，是加强国家文化软实力、激发民族自信心与凝聚力、引领社会主义精神文明建设不断向前发展的重要保障。

（一）红色资源的特征

1. 政治属性

红色资源是具有显著政治色彩的，它承载着中国共产党领导下的革命历史和革命精神。这些资源通过展现党的故事、英雄事迹以及革命斗争的风采，鼓舞着人们的爱国情怀和革命信念。红色资源之所以在今天依旧能够发挥出它的巨大价值，其中原因之一便是它是由中国共产党在正确的思想理论的指导下形成并发展的，而它的存在又记录了中国共产党的百年奋斗历程，展现出了中国共产党和中国人民对美好生活的追求和向往。可以说红色资源是中国共产党自诞生、发展和壮大的一切实践活动的鲜明记录和先进意识形态，利用红色资源的这一特性，是开展思想政治教育工作和活动的方向保障，促使教育主客体都能够沿着正确的政治方向进行生产生活。

2. 人民性

人民性是马克思主义的根本特性，也是红色资源的重要特征之一，因为它既是由人民创造和发展的，又是为人民服务的优质的教育资源。红色资源的产生离不开人民群众。中国共产党能够取得成功的原因之一便是它是为中国人民谋幸福，为中华民族谋复兴的，在中国共产党领导中国人民实现愿望的过程中所积淀下来的宝贵经验和精神便汇聚成为红色资源。红色资源也深深地打下了人民性的烙印，而我们党也始终坚持走群众路线，只有在党与人民形成合力的基础上，才能共同努力实现奋斗目标。在此过程中也会继续产生出新的优质的红色资源，循环往复，无穷无尽，以供后人借鉴和学习。

3. 历史传承性

红色资源不是凭空捏造出来的历史，而是中国共产党带领人民群众保家卫国、振兴民族的历史，红色资源从诞生到发展，都为后人的学习提供了榜样和范本。红色资源的历史传承一方面体现在对中华民族优良传统的继承与发扬，自古有精忠报国的爱国之情、自强不息的民族气节、视死如归的尚勇精神等，让红色资源有了历史的"根"；另一方面是在"根"的基础上形成的红色资源本身又为后人了解历史、领悟真谛提供了可靠真实的历史素材和线索依据，它所蕴含的革命精神等优秀品质到现在依旧被弘扬和传承着，仍需要后人借此砥砺前行，为红色资源不断注入更多的理论和实践源泉，让红色资源有了更为厚重的"魂"。在"根"与"魂"的交替作用下，引领着中华儿女为实现中华民族伟大复兴而不懈努力。

4. 育人性

物质的和非物质的红色资源对于人们来说都有巨大的教育价值，是天然的教育素材。习近平总书记提出："要落实立德树人根本任务，传承红色基因，让听党话、跟党走的信念成为广大师生的自觉追求。"将红色资源与思想政治教育结合在一起，有利于回击西方的错误思潮，是抵御历史虚无主义等错误观念的强劲武器，更加自觉地与党中央保持一致，坚定信念和信心。其中所具有的丰富的红色素材能够规范和制约自身行为，提高道德品质，具有很大的教化作用；红色资源中的红色精神能够给人带来精神激励的作用，在学习红色精神的过程中能够激励爱国情怀和提高民族认同感与自豪感，也鼓舞着人们在新时代做勇敢的逐梦人，激发奋斗和拼搏的意志，肩负起民族复兴的历史使命，实现自我的全面发展。

5. 丰富多样性

红色足迹遍布中国大地，留存下来的红色资源丰富多样，是我们取之不尽、用之不竭的宝贵财富。红色资源不仅内容丰富多样，其表现形态也多种多样，有遍布全国的革命历史遗迹、建筑和文物等诸多形态。红色资源的内容和形式的丰富多样性，都为开展思想政治教育活动打下了坚实的物质和精神基础。

红色资源蕴含着崇高的理想信念和革命精神，这种精神力量超越了个体，具有引领和激励作用。通过学习和传承红色资源，人们能够受到启迪和激励，树立正确的价值观念，追求真理、崇尚正义，为实现自身的价值和社会的进步作出积极贡献。

（二）红色资源的功能

从红色资源的本质特征上把握其功能，体现为以下几点。

1. 意识形态性——能够保证教育目标的政治方向

红色资源是在中国共产党领导的革命和建设过程中形成的，"天然"地具有无产阶级意识形态的本质特征，必然会发挥政治信仰的导向功能。

2. 史料真实性——能够增强教育内容的说理功能

红色资源以事实为根基，以历史为主线，从不同的角度真实地记录了党和人民追求自由和真理的风雨历程，能够增强历史与现实之间必然联系的"透明度"，提升人们追求政治理想和价值目标的思想"通感力"。

3. 价值包容性——能够扩大教育对象的客体容量

红色资源蕴含着丰富的革命精神、厚重的历史文化，以此为载体，构建出以政治信仰教育、民族精神教育和思想道德教育为核心的思想政治教育体系，具有极强的价值包容性，适应在不同时期、不同群体和阶层中开展教育，如共产党员先进性教育、构建和谐社会教育、青少年思想道德教育等都能够以此作为教育载体。

4. 历史继承性——能够提供教育活动的持续动力

红色资源所展现的精神是民族精神与时代精神相结合的产物，具有与时俱进的品质和强大的生命力，能够在一代代建设者手中得到继承和发扬。

第二节　红色资源的发展与时代价值

红色资源见证了革命历史，记录着革命先辈优良的道德言行，承载着内涵丰富的革命精神，反映着优良的革命传统道德，蕴含着爱国主义和集体主义等道德情感以及坚定理想信念、艰苦奋斗和实事求是等道德品质，是助推社会公德建设和个人品德养成的重要德育资源。

案例

第三届特立杯"忆峥嵘百载，携使命前行"党史宣讲决赛

2022年6月19日晚，长沙师范学院初等教育学院学生党支部主办的第三届特立杯"忆峥嵘百载，携使命前行"党史宣讲决赛在源洛剧院顺利举行，初等教育学院近500名学生现场观赛，比赛在线上同步直播。

经过初赛遴选、节目复审，共有8组参赛队伍脱颖而出。立足百年党史，充分挖掘红色资源，紧扣宣讲主题，参赛队伍从多角度，以引人入胜的情景剧、优美动听的歌曲、韵味十足的舞蹈、慷慨激昂的朗诵等多元形式演绎了一个个感人至深的故事，让大家深刻体会到中国共产党在百年征程中锤炼的崇高精神与英雄气概，也充分展现了我校学生奋发有为的精神风貌和弘扬革命精神的信心决心。徐特立先生年过半百亦入党、赵一曼直面酷刑绝不妥协、陈延年大义凛然宁死不跪……精彩的瞬间赢得了在场观众的情感共鸣与精神共振，现场掌声不断，气氛热烈（见图1-1）。

图1-1　党史宣讲决赛现场

此次比赛让学生党员、入党积极分子成为宣讲的"主角"，通过以赛促教、以赛促学的方式激励他们用心学好百年党史，用实际行动铸就人生华章。观赛学生从中感悟到党的百年沧桑变化和共产党员的伟大品格，自身

爱党、爱国、爱社会主义的热情高涨，同时激励了更多的学生学党史、听党话、跟党走，让红色基因得以传承，让红色精神得以发扬。

一、红色资源的发展现状

红色资源作为人文历史信息的典型代表，记载着中国共产党领导人民在民族复兴道路上的奋斗史、探索史，是党和国家在历史进程中留给我们的宝贵的精神和物质财富。在新时期开展爱国主义教育具有得天独厚的优势，是增强国家凝聚力和向心力的活力源泉。红色资源作为一种地理信息资源，记载着人类历史发展道路上的奋斗史、探索史，是宣传红色思想和文化、发扬爱国主义精神的基础，有效利用地方红色资源，积极发挥其对高校思想政治教育工作的史料价值、情感价值、励志价值、导航价值，对促进当代大学生正确三观的形成等方面具有重要意义。

（一）红色资源管理中存在的问题

1. 数字化程度低，传播形式单一

有形红色资源包括纪念物、纪念场馆、革命遗址、景区建筑等，无形红色资源包括红色精神、文艺作品、学术研究成果等。受限于传统景点、景区的开发模式，有形的红色资源多以旅游观光、展览等形式进行传播，无形的红色资源则是通过一些宣传视频对群众进行展示。红色资源的管理和表达是宣传红色文化、弘扬爱国主义精神的基础。以往大多是通过新闻、报纸等宣传，介绍主要以文字为主，缺少视频、音频等辅助说明，可视化程度不高。一些红色地理信息缺少多媒体形式的展示，无法让公众完全接收红色资源信息，红色资源呈现方式的单一性在一定程度上限制了其管理与表达。

2. 数据区域性较大，共享性差

红色资源存量相对稳定，缺乏扩展度，过于注重地域性和局部历史内容的开发，与当时的大历史缺少共振。红色资源的发展和共享受学术研究和技术发展的限制。红色地理信息资源涉及的内容广泛，包括社会、经济、文化等方面与地理信息相关的属性和空间数据，资源丰富且种类繁多。然而，这些资源之间相对独立，缺乏相应的红色资源信息库，不利于资源的

传播和共享。目前，对红色资源的开发主要集中在地方历史文化上，缺少与其他地方红色资源的关联和传播，导致许多有价值的信息流失。红色地理信息多样且数据融合难度大，公众了解地方红色资源的难度较大，共享数据的劳动量也较大。

3. 资源管理责任不明确

有效管理红色资源不仅对资源的保护至关重要，还有助于更好地利用这些资源。目前，红色资源的管理主要由文物管理部门承担，例如各地市的博物馆、图书馆以及革命纪念馆等。重点是要增加投入、转变机制以及改善服务，以增强红色资源的活力。然而，目前的问题在于红色资源的管理责任不够明确，管理机制也存在疏漏。一些红色资源存在着多部门重叠管理的现象，而一些红色资源则完全缺乏管理。这些问题对于推动红色资源的高效利用和挖掘红色资源的精神价值造成了一定的困难。

（二）红色资源管理的策略

从党和国家对于红色资源管理与保护的实践来看，不同时期有着不同的侧重点。红色资源保护开发工作经历了从以依托文物、纪念馆保护为重点，到围绕红色旅游以经济建设为重点，再到如今重视挖掘精神内涵以传承红色基因为重点的发展过程。随着科学技术的发展以及信息化水平的提高，公众获取资源的方式和习惯不断发生变化，已有的红色资源的管理及开发方法已无法满足多样化的社会需要，红色资源的管理应当符合时代要求，以信息技术产业的发展为契机，结合公众获取资源的习惯，着手解决红色资源的管理问题，促进红色资源的高效管理。

1. 加强对红色资源的挖掘管理

习近平总书记反复强调要把红色资源运用好、把红色传统发扬好、把红色基因传承好。他指出："要充分利用我国改革发展的伟大成就、重大历史事件纪念活动、爱国主义教育基地、中华民族传统节庆、国家公祭仪式等来增强人民的爱国主义情怀和意识，运用艺术形式和新媒体，以理服人、以文化人、以情感人，生动传播爱国主义精神，唱响爱国主义主旋律，让爱国主义成为每一个中国人的坚定信念和精神依靠。"在对红色资源进行收集、整理以及价值挖掘之后，进入红色资源的展示和管理阶段，这是实现红色资源科学利用的前提。通过对红色资源的展示，公众能够最大程度地了解其精神内涵及其传递的理想信念。

红色资源的管理与其自身价值及生命力紧密相连。通过进行全面而深入的研究，可以充分挖掘红色资源中所蕴藏的思想内涵、人文精神、价值取向以及理想信念，从而助力资源生命力的表达。在管理和利用红色文化资源时，需要充分认识其价值，不仅要展示红色资源表面的历史与艺术价值，更要深入挖掘其精神内核。只有如此，才能最大程度地加强对红色资源的管理，以满足人们的精神文化需求。

2. 加强红色资源的整合管理

红色资源与其他历史文化资源的显著区别在于其所代表的先进性和革命性。因此，对红色资源的管理和表达需要注重其精神内涵的传承，而不应过于形式化和表面化。只有当人们切身体会到革命、战争、建设时期的艰辛和改革开放时代的奋发向前时，才能真正感受到红色资源所体现、传达的精神内涵和理想信念，从而深受其影响。为了有效管理红色资源，可以进行分类整合，建立档案管理系统，确保红色资源的保护内容、保护范围和保管机构。同时，需要对红色资源的管理单位进行梳理，明确各个单位的管理责任。此外，还应开展调查，分析各类红色资源的管理现状，及时补充和改正存在疏漏的地方，确保红色资源能够得到系统的保护和长期的管理，并能够得到充分的利用。重要的是注重红色资源的精神价值和影响力，并将其融入管理和表达之中，以实现红色资源的持久传承和有效利用。

3. 将红色资源管理融入机构职能

不同机构具有各自不同的职能。如图书馆的基本职能是对文献信息资源进行收集、整理和利用，社会职能包括保存文化遗产、开展社会教育、传递科学技术资讯、开发智力资源等；档案馆的职能涉及档案保存、利用和研究，偏向于存史职能和利用职能，核心是保存和记录国家和社会的记忆……红色资源是红色文化与红色精神的重要载体，各机构虽然保留了大量的红色文献、红色档案和红色文物藏品，但对红色资源的开发运用，对红色教育、革命教育、爱国主义教育的重视有待提高。因此，相关机构要弘扬红色精神、传承红色命脉、加强红色教育，将红色资源的管理融入机构的职能定位中。红色资源能够依托机构平台，充分展现其精神内涵及自身价值。各机构加强对红色资源的开发利用，充分发挥自身优势，传承和弘扬红色基因，发挥红色资源价值。

此外，机构应明确红色资源的管理范围与责任，确保所有的资源均得到保护与管理，这不仅是党和国家赋予机构的责任使命，也是机构依据国家方针政策、社会改革发展需要以及人民需求对自身职能定位的深化与完善。

知识链接

红色文化与红色文化产业

红色文化作为一种特殊的历史文化资源，是中国共产党领导的革命、建设成功经验的历史积淀，蕴含着丰富的革命精神和历史文化内涵，是建设中国式现代化的强大精神力量。红色文化反映了中华儿女在革命斗争、新中国建设、改革开放实践中艰苦奋斗、独立自主、不屈不挠的精神。

红色文化产业则是依托红色文化形成的我国独具特色的产业类型，红色文化产业不仅能够体现我国的深厚文化底蕴，提高全民族自豪感，而且还能够弘扬红色精神，是精神文明建设的重要组成部分。红色文化产业作为红色文化与文化产业的融合体，既是红色文化的载体和表现形式，也是我国文化产业发展的新引擎和新趋势。挖掘和利用红色文化资源，培育和发展红色文化产业，既是推动社会主义文化发展繁荣、实施文化强国战略的必要举措，也是培育和建构社会主义核心价值观的重要途径。

二、红色资源的时代价值

红色资源见证了中国革命和建设的光荣历史，昭示了马克思主义的科学性、中国共产党的伟大性和社会主义道路的必然性，渗透着党和人民对马克思主义的信仰、对民族精神的传承、对中国特色社会主义共同理想的向往，是社会主义核心价值观教育的重要载体，具有特殊的时代价值。

（一）红色资源的教育价值

1. 红色资源有利于拓展教育载体

红色资源的载体多样，教育者可以在施教时根据不同载体特点进行选择，以适应不同的教育内容和教育对象。如制作声情并茂的多媒体影像、课件；展示具有视觉冲击力的珍贵文物；演示情景交融的感人细节；模拟激人奋进的历史片段等。让教育者可以从感性与理性、内容与形式、讲授与体验并重的原则出发，将崇高的理想信念、厚重的先进文化、丰富的革命精神和高尚的人格魅力融入教育教学实践之中，并体现出直观、生动、形象、感染力强等教育特点，使历史转化为课程、史料转化为教材、现场转化为课堂，较好地实现知、信、行的统一。

2. 红色资源有利于创新教育方式

红色资源多样的载体特征不仅可以坚持和完善课堂讲授式教学，让案例式教学、讨论式教学等与其相互配合，使教育对象在较短时间内获得较丰富的内容，同时可以结合情景模拟、实物展示、现场体验、社会实践等教学方法，综合运用语言文字、音乐影像、实物实景等作为教学媒介，突出教育对象的主体地位。这样的教学方法充分发挥参与体验和现场感悟的优势，将"看、听、思、悟、行"融为一体，引导学生亲身感受、主动思考。通过这种方式，教育者可以在多层次、全方位上感染和冲击受教育者，构建出一种寓教于思、寓教于悟、寓教于行的新型教育模式。这样的教学模式不仅能够丰富教育内容，还能够激发学生的学习兴趣和主动性，培养他们的思考能力和实践能力。同时，通过与红色资源结合，可以让学生更深入地感受和了解红色文化的精神内涵，从而形成更加深刻的思考和认知。这种教育模式将教育与体验相结合，引导学生在实际体验中获得教育，进而将所学应用到实践中，实现综合素质的提升。

3. 红色资源是具有普遍意义的鲜活教材

红色资源反映了中国共产党人对远大理想和坚定信念的不懈追求，饱含了对祖国的浓烈挚爱之情，体现了高尚的品德和伟大的情操，是人们树立正确的人生观、价值观的鲜活教材。红色资源作为人民军队在党的领导下取得革命胜利、完成党和人民赋予的历史使命过程中形成的听党指挥、服务人民、英勇善战的革命传统，是当代革命军人核心价值观教育的鲜活教材。红色资源作为我们党在长期革命和建设实践中形成的先进思想，更是党员领导干部加强党性修养、坚定理想信念的鲜活教材。

在红色资源的展示过程中，伟大的民族精神得以生动、具体、形象地再现出来，大学生从中国共产党领导人民进行不屈不挠的奋斗历史中汲取丰富的精神养分，从革命英烈的丰功伟绩中感到强烈的精神震撼，从先进典型的感人事迹中获得深刻的精神启迪，从中认识祖国的现在，坚信祖国的未来，明确应以国家利益为重，自强不息，努力奋斗，端正学习态度，利用在校期间的宝贵时间和良好的学习条件打下坚实的基础，培养多种能力，为将来走向社会、建设祖国、造福人民、振兴中华贡献力量。

（二）红色资源的社会价值

1. 强化红色记忆，传承精神根脉，增强文化自信的文化价值

文化记忆是一个国家、民族和社会群体赖以生存的根脉，马克思主义之魂，包括各少数民族特色文化在内的中华优秀传统文化之根，是中华民族千百年来融合发展、共生共荣的历史传统与热爱和平、反对分裂的文化传统的延续。弘扬地区红色资源，传承其灵魂与根脉，对于增强中华优秀传统文化，包括红色资源在内的社会主义先进文化的自信，具有十分重要的价值。

2. 增进国家认同，促进民族团结，铸牢中华民族共同体意识的政治价值

习近平总书记多次强调要"不断增进各族群众对伟大祖国、中华民族、中华文化、中国共产党、中国特色社会主义的认同"。各民族地区红色资源是中国共产党领导各族群众进行伟大斗争的历史见证，是各族群众携手革命、团结奋斗、和谐交往的民族叙事，是"五个认同"教育和民族团结教育的宝贵文化资源。保护传承好地区红色资源，能够增强各族群众的国家认同，有助于促进民族团结，铸牢中华民族共同体意识，为中华民族伟大复兴凝聚起团结奋进的磅礴力量。

3. 整合价值分歧，引领社会风尚，促进社会稳定的社会价值

地区红色资源是各民族在中国共产党领导下，在长期的革命和建设中形成的先进文化，蕴含着忠诚爱国、团结友善、敬业奉献、讲信修睦等价值观念，具有强大的价值整合功能。新时代，大力弘扬红色资源，积极学习红色文化，对于激励各族群众坚定理想信念、丰富各族群众精神世界、引领民族地区社会风尚具有基础性作用。

4. 促进经济发展、推进乡村振兴、实现共同富裕的经济价值

红色资源所蕴含的积极进取、勇于革命、艰苦奋斗、团结协作等精神，具有激发群众发展经济、改变现状的积极性和主动性的能力，可以为地区经济发展提供精神动力。特别是在少数民族地区，红色资源具有巨大的经济价值。少数民族地区的红色资源，如革命遗迹和红色纪念场馆等物质形式的资源，可以作为基础，结合清新的山水环境和多样的民族文化资源，开发红色纪念产品、红色文艺作品等非物质形式的资源。通过大力发展红色旅游产业和红色文化产业，可以为乡村振兴和实现共同富裕提供重要途径。通过发展红色旅游产业，利用红色资源的独特魅力，吸引更多游客前来参观、学习和体验，带动当地经济的发展。同时，通过红色文化产业，创作和推广红色题材的文艺作品和艺术品，激发人们对红色精神的共鸣和认同，增加文化产品的价值，推动产业的繁荣。通过充分利用红色资源的经济价值，地区可以实现经济的多元化发展，提供就业机会，改善民众的生活质量。这种发展模式不仅能够保护和传承红色资源，还能让人们更好地了解和感受红色文化的深刻内涵，促进民族地区的文化繁荣和社会稳定。

三、红色资源的保护与发展

红色资源是鲜活的历史，是生动的教材，是宝贵的精神财富，凝结着我们党在百年奋斗历程中薪火相传的红色基因。护好用好红色资源，是党史学习教育的题中应有之义，也是永葆党的生机与活力的应有之举。要充分运用红色资源，深化党史学习教育，赓续红色血脉。习近平总书记多次要求把红色资源利用好、把红色传统发扬好、把红色基因传承好，强调"让信仰之火熊熊不息，让红色基因融入血脉，让红色精神激发力量"。

（一）护好红色遗址续血脉

历史文化遗产是一个民族在历史长河中遗留的瑰宝，是民族精神的载体和民族文化的象征。特别是红色遗址、革命遗迹，见证了中国共产党艰辛而辉煌的奋斗历程，蕴含了中华民族自强不息的精神基因。保护好红色遗址，能够让党的精神火种生生不息、越来越旺，能够让信仰的力量跨越时空、接续传承。因此，对于红色遗址，首先要从保护做起，最大程度保留历史信息，展现历史原貌，以此唤醒人们的思想灵魂，穿越烽火连天的岁月，感悟革命先辈、仁人志士为国家命运、为民族大义牺牲奉献的可贵精神，激励华夏儿女以更加坚定、更加自信、更加自觉的姿态踏上新征程、投身新伟业。

（二）讲好红色故事育新人

红色信仰、红色旗帜、红色血脉，需要一代代青年薪火相传，而处于"拔节孕穗期"的青年，世界观、人生观、价值观正在打底塑形，只有充分汲取红色养料，用红色基因补钙壮骨，人生才能节节壮、步步高。因此，各地要依托现有红色资源打造爱国主义教育基地、开发红色教学课程、组建红色师资团队，让旧址遗迹成为"党史教室"，让文物史料成为"党史教材"，让英烈模范成为"党史教师"；同时，利用互联网、移动终端、VR等新平台、新技术，创新红色文化表现形式和呈现载体，如长沙师范学院团队成员依托所在高校徐特立研究中心、田汉文学艺术教育研究中心、许光达研究中心、徐特立纪念馆等，"徐特立教育思想""徐特立人格风范"等校本课程，特立青年宣讲团等，扎实推进理论研究、扎实开展理论普及、扎实推进"三进"等工作，以"年轻人的方式"向年轻人讲好红色故事，让信仰之火燃烧不息，让红色基因永续传承。

（三）用好红色资源促发展

保护是利用的前提，而利用是保护的途径。合理开发利用红色资源实际上是有效保护红色资源、增强其生命力和可持续发展力的方式。例如，通过依托革命旧址、纪念馆、博物馆等传统资源来发展红色旅游，可以促进更多游客了解革命历史、感受革命文化，实现红色基因的传承；同时，红色旅游还能通过拉动内需、扩大就业，推动经济发展，提高人民收入。因此，各地应将学党史、悟思想、办实事、开新局结合起来，将挖掘红色内涵、讲好红色故事与保护红色遗址、有效利用红色资源贯通起来。要以红色资源来教育、启迪和鼓舞人心，让红色资源成为推动发展的原动力，在不断传承中焕发出新的时代光彩。通过保护和合理开发利用红色资源，可以更好地传承红色基因，使更多人了解和认同革命历史的伟大意义。同时，红色资源的利用也能够激发经济发展的潜力，促进就业增长，改善人民的生活条件。

知识链接

数字赋能红色资源的保护传承

数字技术能够促进红色资源的科学保护

数字技术有益于推动红色资源的整体性保护。党的十八大以来，各地区各部门扎实推进了革命文物保护利用工作，革命文物家底基本摸清，革命文物保护状况持续改善。在此基础上，全面推动红色资源整体性保护至关重要。《关于实施革命文物保护利用工程（2018—2022 年）的意见》提出，要"分批公布全国革命文物名录，建立革命文物大数据库，推进革命文物资源信息开放共享"。不仅如此，还要对各地的红色文献、图片、纪录片、声音等进行数据收集、挖掘、梳理与整合，建立基础数据库。同时，利用大数据、虚拟现实、3D 影像等技术，将红色资源转化为数字模式，形成红色资源大数据库，助推红色资源的管理、修复、研究等一系列整体性保护工作。

数字技术有助于提升红色资源的预防性保护。随着时代的发展和环境的变化，红色资源容易受到各种因素的影响，甚至遭到破坏。而 3D 扫描等数字技术的发展可以通过对红色建筑、文物等资源数据进行提取扫描，让红色资源"定型"在某种状态，获得精确的空间坐标数据，进行数字化留存，实现永久的预防性保护。一旦有现实需要，比如因意外发生红色资源损毁，就可以将这些数据输入特定系统，再使用 3D 打印机获取 1∶1 的实物模型，并用实物模型补足损毁部分，对红色资源进行数字化重建。

数字技术能够推动红色资源的有效传承

数字技术带来丰富多样的红色宣传方式。目前来看，大部分红色资源的宣传展示主要还是依托文物、图片、文字等方式，难以生动有趣地讲述红色资源所蕴含的"前世今生"革命故事，更难以将其背后丰富的红色文化传递给人们。而数字技术的发展为红色资源的宣传提供了新载体和新平台。现如今，新媒体平台已经成为人们获取信息、休闲娱乐、社会交往等方面的重要渠道。适应数字技术的发展，合理利用新媒体，不仅有利于深入萃取红色资源的基因密码，而且有利于红色资源在现代传播方式下的传承与创新。

数字技术提供身临其境的红色沉浸体验。借助数字化的展示手段，红色资源还可以从档案馆里的资料、博物馆里的展陈中"走"出来，变得更加立体，并能够充分调动参观者能动性，实现良好的参与和互动，让参观者具有沉浸式体验，从而对红色文化形成全面而深刻的认识。红色资源只有"进驻"到数字化世界里，在网络上创造出生动有趣的红色文化教育产品，才能赢得青少年，让红色文化有效传承下去。

第三节　红色资源蕴含的思想政治教育理念

红色资源与高校思想政治教育相结合，可以充分发挥红色资源在大学生思想政治教育中的重要性。通过对红色资源的深入研究和传承，可以激发学生的爱国热情和社会责任感，加强学生对中国革命历史的了解和认同，培养学生更为正确的历史观和政治观，提高他们的文化素养和思想品质。同时，高校思想政治教育也可以帮助学生更好地理解、利用红色资源，激发红色资源的教育价值。

案例

弘扬红色血脉，讲好长师故事

时值长沙师范学院110周年校庆之际，为更好地赓续红色血脉、讲好长师故事，2022年4月5日，长沙师范学院外国语学院召开"红色外院"打造研讨与工作部署专题会议（见图1-2）。学院党政领导班子成员、各教研室主任及青年教师代表汇聚一堂，共议学院的办学定位与发展路径，共商如何用英文更好地传承和传播长师红色故事。

图1-2　专题会议现场

副院长传达了学校110周年校庆系列工作安排及"红色长师"建设专家研讨会的重要精神指示。他希望参会人员积极思考学院如何赓续红色血脉，弘扬长师红色文化，为学院发展和"红色外院"打造建言献策。

党总支副书记汇报了学院已启动的红色文化活动，如徐特立经典语录翻译、长师新闻英语播报活动以及红色电影英文配音等。同时，她还详细介绍了学院"三下乡"志愿者服务"火种"队的红色故事，学院"乐翼"志愿者服务队在疫情防控期间投身志愿者服务活动、书写无悔青春的系列红色故事。

副院长从教学层面分享了对红色长师故事传承与传播的理解。他要求各教研室积极推荐教师参加学校举办的课程思政教学比赛，使教师在教学设计时重视价值塑造、知识传授和能力培养等多重目标的有机融合，使大学生在学好英语的同时树立正确的价值观、人生观和世界观。

最后，党总支书记作总结发言。她指出，学院弘扬红色血脉，讲好长师故事，需做好两件事：一是在内容上，要用英语讲清徐特立是谁、长师是什么，把长师精神与红色故事用生动、质朴的语言讲清楚；二是在形式上，要深入挖掘红色长师的历史，以小见大，用感人至深的故事感染人。

学院围绕学校"红色长师"主题，在体现外语专业特色的同时，不断加强红色文化教育，一心一意谋发展，聚精会神搞建设。目前，学院已初步形成了"骨干教师带头示范引领，以'立德树人'主线，以课程思政建设为契机，引导全体教师将'党史''校情'与外语课程相融合，讲好红色长师故事"的发展新思路。

一、红色资源融入课程思政的目标与动力

课程思政是一项重要的教育理念，要求教师在专业的课程教学中，不仅要注重专业知识的学习，还要融入思想政治教育，以提升学生的综合素质。从理论视角来看，结合红色资源的思想政治教育功能，将这种理念融入高校课程思政，可以更好地引领课程的价值目标，弥补课程思政形式和本质相分离的短板，推动高校课程思政体系建设，从而更好地培养学生的思想政治素质和道德品质。

（一）红色资源的价值引领是课程思政的目标和原动力

价值是客体所具备的能够满足主体需求的属性。高校课程思政开展面临的根本问题是培养什么人、怎样培养人、为谁培养人。高校课程思政建设的目标是为立德树人服务，肩负着培养社会主义建设者和接班人的重要使命。专业素养和技能的合格程度与政治修养和思想水平的合格程度是大学生成才的必备条件，二者缺一不可。特别是政治修养和思想水平的培养，需要思政课程与课程思政同步推进，形成教育共同力量。将红色资源融入高校课程思政，是以红色基因和红色精神为基础，培养大学生的马克思主义信仰、社会主义核心价值观，以及实现中华民族伟大复兴的梦想与信心。通过红色资源的融入，可以使学生们更加深入地了解革命历史，感悟红色精神的丰富内涵，增强爱国情怀和社会责任感。这样的教育模式既能够弘扬红色传统，又能够引导学生树立正确的人生观、价值观和世界观，培养他们成为具有远见、担当和创新精神的高素质人才，为社会主义建设和国家发展贡献力量。

红色资源融入高校课程思政，旨在课程思政过程中传承和发展中国共产党的红色基因和红色精神，让新时代大学生的思想信仰和专业思维不断接受红色基因的浸染与红色精神的熏陶。高校课程思政建设的核心是树立

大学生马克思主义理想信念。推行课程思政要求专业课教师和通识课教师摒弃传统的课程内容讲授为核心的做法，在课堂教学中充分利用有效的红色资源，引导学生了解新中国成立的艰难历程，认识当前我国社会的主要矛盾，坚定对中国特色社会主义道路的正确信念，将个人的理想和价值追求与国家的发展繁荣、民族的伟大复兴相结合，为实现共产主义伟大理想而不懈奋斗。大学生是否成为合格的建设者和接班人、是否能够承担民族复兴的重任，取决于其对党和人民的忠诚程度。红色资源体现了中国共产党人对党和人民的赤胆忠诚，红色精神贯穿于红色文化的始终，以爱党爱国为核心。将红色资源融入课程思政，旨在将赤胆忠诚的红色基因播撒于学生成长成才的道路上，培养他们忠诚担当的道德情操。因此，将红色资源融入高校课程思政，是一种有益的探索和实践。它不仅有助于传承红色基因和红色精神，也能够引导学生树立正确的信仰和价值观，坚定理想信念，培养忠诚担当、具有社会责任感的高素质人才，为实现新时代中国特色社会主义伟大复兴作出贡献。

（二）红色资源的内容融入是课程思政不断完善的推动力

回顾思想政治教育的历史发展，这种以规范人的道德行为、影响人的思想价值观为目标的教育实践经历了从自发到自觉、从生活化到制度化、从经验化到科学化的形态转变。课程思政的提出与思想政治教育形态的发展密不可分。正是源于对思想政治教育重要性和功能性的深刻认识，以及思想政治教育课程形态的不断发展和成熟，催生课程思政的提出和推行。课程思政作为课程形态进步的产物，不仅承载着思想政治教育的理念和方法，也包括思想政治教育形态的变革。通过课程思政的推行，高校教师能够创新思政教育的课堂形式和内容，使思政教育更具活力和可操作性。教师们更注重在教学过程中引导学生形成正确的世界观、人生观和价值观，培养学生用马克思主义立场、观点、方法去分析解决问题的本领，并能在实践中增强对国家和民族发展的自觉性、归属感和使命感。

红色资源融入促进高校课程思政形态的变革，最主要体现在显性教育向隐性教育的一种延伸，是全员育人、全程育人、全方位育人的一种形态。

将红色资源作为高校思政课隐性教育形态的资源，可以让学生从红色资源中包含的榜样人物、优秀品质、家国情怀、党性修养中汲取精神动力，也可以依托红色资源的直观呈现让大学生近距离感受中国共产党带领全国人民革命、建设、改革的艰难历程，从而发展受教育者的素质和心理，同化他们的行为观念。红色资源隐性思想政治教育功能的发挥可以促使课程思政实践通过情感陶冶的方式感染学生。如长沙师范学院的舞蹈《一封信》、微动画《当今圣人徐特立》、大型红色民族歌剧《先生》等红色文艺作品，建立了有效实用的教学方式，并发挥红色文艺作品的情感渲染功能，以春风化雨、自觉参与的方式来感染学生。任何课程的讲授都应该向受教育者传递真善美的情怀。

课程思政隐性教育形态的形成可以利用红色资源引导、影响受教育者树立积极而理性的行为观念，让学生明善恶、辨是非，学以致用，知行合一。例如，1912 年，35 岁的徐特立先生和老同学、好朋友姜济寰（时任长沙县首任知事）一道，白手起家创办了长沙县立师范（今长沙师范学院前身）并任校长，先后培养出田汉、许光达、廖沫沙等一批栋梁之材。1924 年，旅法勤工俭学归来的徐特立先生，为满足一批落榜农村女青年的强烈求学愿望，又毅然创办了长沙县立女子师范（1926 年并入长沙县立师范）并任校长，培养出刘英、朱近之、刘彦娴等一批自立自强、英勇无畏的巾帼英豪和时代女杰。为补贴两所学校的办学之需，徐特立还在湖南省立第一师范、湖南省立第一中学、长郡联立中学等学校兼课，成为毛泽东、蔡和森、何叔衡、李立三、李富春等革命先驱者的老师……让学生了解熟悉这些红色资源内容，能够帮助其对职业精神、道德情操产生更深刻的理解。

二、红色资源融入课程思政的具体类型

打通红色资源和各专业学科课程的互动，是实现红色基因和红色精神融入高校课程思政的实践要求，也是高校人才培养中育人与育才同步推进的必然要求。将红色资源有机融入各类专业建设和实际教学中，不仅可以丰富教学内容，提升专业课程的亲和力和说服力，还可以在专业学习的引导过程中潜移默化地对学生进行思想政治教育，以达到专业能力水平与人

文修养、思想素质同时提高的目的。这种实践要求和发展趋势，引导高校教师在专业教学中将红色基因和红色精神与实际教学相紧密结合，提高教学效果和教学质量。同时，学生在专业课程学习中也能够更加深入地了解红色资源，加深对中华优秀传统文化、民族历史和中华人民共和国诞生的感悟，形成爱党爱国的思想品格和积极进取的精神面貌。

（一）红色资源融入人文类课程

人文类课程在高校的设置上大体分为两个部分，一个部分是高校开设的人文通识类课程，设有基础课程，如"大学语文""中国文化史"等课程，也有选修课程，如"诗词鉴赏""美学通史"等课程。高校通过开设人文通识类课程，旨在提高学生对人文知识的认知，培养其文化情怀，判断和衡量价值观念，以及塑造高尚生活的能力。这些课程在学生人文素质和品德修养方面具有不可替代的作用。将红色资源融入通识类课程中，可以采用多种形式进行，并能够进一步活跃课堂氛围，调动学生积极参与课堂学习的热情。这种做法有助于突破传统的大班授课方式所带来的人文通识课教学单一、内容单调的瓶颈。具体做法主要有以下几个方面。第一，人文通识类课程的讲授一般离不开文学载体。以"大学语文"为例，教师可以结合教学内容选择经典革命诗词、红色散文、小说戏剧作为课程育人的脚本。同时也可以在授课过程中加入对作品中的人物原型故事、红色作家创作经历等内容的讲述，用其中的革命精神、品格追求教育学生、启迪学生、激励学生成长。第二，发动学生主体力量，开展红色经典课堂诵读、红色故事宣讲等活动。教师可以选择教学的内容，但是教学效果评价离不开学生的参与度与认可度。人文通识类课程的教学，应该以红色文化为依托，设计更多的教学活动，让不同专业背景的大学生群体都可以参与到课堂教学中来，以润物无声的效应开展思想政治教育。第三，鼓励学生在学习之余开展正能量作品的创作。人文通识类课程的学习更关注对学生文化情怀的熏陶和高尚生活的营造。教学可以引导和鼓励学生以红色文化为依托，在课后进行创作实践。如组织校园大型诗歌《特立颂》（见图1-3），将红色资源有效融入通识课教学中。

图1-3　大型原创诗朗诵《特立颂》

另一个部分是红色文化融入人文类专业课程。红色资源与思想政治教育专业、历史专业、旅游专业都有着天然的联系。相比于人文通识类课程的融入，红色文化融入人文类专业课程要更加深入和具有针对性。从课程设置来讲，可以联系本专业需求设置与红色资源相关的专业课程。从教学方法来讲，可以利用当地红色资源开展现场教学，强化实践教学。例如，徐特立纪念馆开展的现场教学就是一种有益探索，"徐特立教育思想""徐特立人格风范"等校本课程也取得了较好的效果和成绩。

（二）红色资源融入理工类课程

当提到理工类专业时，许多人会想到严密的逻辑推理和复杂的数学运算，以及工学和理学两个学科门类所培养的工程技术人才。相应的专业课程似乎和课程思政没有关联，更没有与红色资源联系。这些领域的专业课程实施课程思政似乎存在较大困难。在目前高校课程思政建设中，理工类课程面临的短板和难点较多，特别是工科类专业，需要尽早解决这些问题。要将红色资源融入理工类专业课程中进行课程思政的实践，至关重要的是要从两个方面入手。第一，要旗帜鲜明讲政治。在理工类专业课程的讲授过程中，直接地灌输政治理论是很难被学生接受和认可的。因此，应该通过授课内容来引导学生明确"大我"与"小我"的关系，树立爱国情怀。通过讲述一些老一辈科学家为祖国建设放弃国外优越生活，隐姓埋名投身科研的故事，并播放一些相关影音资料，这些内容往往更容易被学生所接受，从而激发他们的爱国情怀和良好的职业精神、职业责任感以及社会责任感。第二，由于理工类专业中设置了许多实验和实践课程，因此应该在这些课程学习中融入马克思主义理论以及红色资源中所体现的艰苦奋斗、攻难关、开拓创新、勇往直前、迎难而上和科学求是的红色精神。在课程教学中，应该坚持将马克思主义的立场、观点和方法的教育与科学精神的培养有机结合起来，并坚持将红色精神和实践能力的培养相结合。只有这样，才能使大学生在实验和实践课程学习中磨炼耐心、知行合一，提高理性、科学地认识问题、分析问题和解决问题的能力。

（三）红色资源融入艺术类课程

红色资源融入高校艺术类专业课程，发挥其思想政治教育的功能主要可以从以下两个方面入手。第一，高校要积极利用当地红色资源打造艺术类专业特色课程。艺术类专业师生要整合当地红色资源，将红色建筑、革命实践、红色文物等珍贵而丰富的资源融入艺术创作和教学实践中去，打造本校特色课程。第二，要结合专业所学，创建红色资源艺术品牌。如长沙师范学院统筹提质"特立班"，选树一批"特立"党支部、"红色"团支部和班级，打造一批"红色学生社团"等。艺术类专业具有很强的实践性特色，在课程教学中融入红色文化元素不仅是为了赓续红色血脉、传承红色基因，结合专业知识将红色精神转化为有内涵的设计作品、艺术作品、文创作品，为红色文化艺术品牌的创建增砖添瓦才是专业知识教育与红色文化教育合力的展现，也是课程思政效力成果的转化。例如，长沙师范学院师生创作的巨幅中国人物画《徐特立在延安》、版画《徐特立和学生在一起》、国画《坚强的老战士》、系列水墨人物画《先生》等其中的红色人物因有较高的辨识度，所以能更好地传递红色文化元素的属性，不仅提高了专业课程的趣味性，而且在学生自主创新的过程中落实了课程思政的实际效能。

（四）红色资源融入体育类课程

体育是提高人民健康水平的重要途径，也是满足人民群众对美好生活向往、促进人的全面发展的重要手段。此外，体育对经济社会发展的推动和国家文化软实力的展示也具有重要作用。高校承担着培养全面发展的社会主义事业建设者和接班人的历史使命，高校体育教育则通过体育运动锤炼学生意志，塑造奋斗精神，健全人格品质，在全面育人体系中发挥着重要作用。高校体育课程思政建设的本质，是将培养社会主义接班人的体育素养与铸造马克思主义精神相融合，并应用到各级各类体育课程的教学体系中。红色资源中蕴含的红色基因和红色精神，是体育专业开展课程思政活动的重要元素，它们天然地关联着大学生体育品德的养成和体育精神的树立。因此，高校体育课程思政的建设离不开红色资源的融入。将红色资源融入体育课程中，不仅可以有效促进高校体育教学方式与途径的转变，而且为体育课程教学提供了丰富而宝贵的教学资源，可以进一步强化大学生理想信念、意志品质和奋斗进取精神的培养。

红色资源要与运动实践紧密结合。可以依托红色资源实现运动实践方式的多样化。例如，井冈山大学将红色文化融入大学体育教学，以野外特殊技能训练、徒步拉练、野外战斗训练、生存训练等形式拓展了运动实践的方式，在提高大学生参与体育课堂锻炼积极性的同时代替了传统模式下的身体素质练习，可谓一举多得。红色精神是中国共产党人不畏流血牺牲、报效祖国人民的优秀品质的高度凝结，高校体育课程思政建设需要这样的精神素材作为动力支撑。例如，可以在竞技比赛和运动锻炼前为学生们讲述红军长征以及抗美援朝的故事、徐特立的爱国故事，让红色故事展现革命前辈不怕困难、知难而进的精神品质，以此激励大学生在之后的运动实践中强大内心、树立信心，保证学习任务的顺利完成，实现"育体"与"育人"的巧妙融合。

三、红色资源融入大学生理想信念教育

在党的二十大报告中，习近平总书记就文化自信自强做了相关的阐述，弘扬以伟大建党精神为源头的中国共产党人精神谱系，用好红色资源；推动理想信念教育常态化制度化。而大学生的理想信念教育是思想政治教育工作的核心内容。因此，将红色资源融入大学生理想信念教育是现实要求，也是必然趋势。

（一）红色资源融入大学生理想信念教育的应用价值

1. 红色资源融入大学生理想信念教育有利于创新教育方式

思政课是大学生理想信念教育的主要方式和阵地，上思政课不能拿着文件宣读，这样的课没有生命、干巴巴的。而对于大学生的理想信念教育也是同样的道理，不能仅仅是在思政课的课堂上为学生们讲解什么是理想信念、理想信念的重要性，对于学生而言，这是干瘪的、不鲜活的、没有吸引力的，这样就不能达到思政课的教学效果和意义。应该如何创新大学生理想信念教育的方式？当前高校在对大学生进行理想信念教育上更多的还是依靠课堂上老师的讲授，在讲授的过程中，老师也会通过播放视频、讲解史实等方式去丰富授课的形式，从而帮助学生树立正确的理想信念。但这归根结底还是没有走出课堂，对学生的吸引力是有限的，学生在课堂上也不能够走向生活和社会，没有真正走进能够体现理想信念精神的场所或文物。

将红色资源融入思政课程，有助于帮助大学生树立正确的理想信念，是对大学生理想信念教育的积极探索，也是在大学生理想信念教育中的创新方式。通过这样的教育方式，不再局限于三尺讲台或多媒体屏幕，而是能够真正地将学生与红色资源紧密联系起来，使思政课堂焕发活力，实现学生成为思政课堂主体的目标。这种创新方式让学生能够亲身接触和感受红色资源的力量。通过实地参观、实践活动、实际案例等方式，学生可以更加深入地理解红色资源背后的精神内涵和思想价值。这种沉浸式的教育方式不仅能够激发学生对红色资源的兴趣和热爱，还能够促使他们主动思考和探索红色资源对于自身理想信念形成的影响和启发。将红色资源融入大学生理想信念教育中，不仅可以拓宽教育的视野和思维，让学生对自身的使命和责任产生更为深刻的认识，还可以培养他们坚定的社会主义信念和价值观。

2. 红色资源融入大学生理想信念教育有利于丰富教育内容

当前思政课的主要内容更多是教材上呈现的内容，教材上有什么教师就讲什么，有时也会使用一些案例作为佐证帮助学生理解教材内容，但即便如此，教学内容呈现一种单一化的状态。红色资源作为传统文化的重要组成部分，也是中国共产党百年奋斗过程中精神成果的重要体现，应当作为高校思政课的重要教学内容，这对于大学生的理想信念教育也是有其必要性的。

对于大学生来说，红色资源是一种非常优质的教育资源。一方面，红色资源是中国共产党价值观的重要体现，它展现了中国共产党的政治立场、民族精神和时代特征，能够指引和引领大学生树立正确的理想信念，认同中国共产党的思想和政治立场，坚定支持中国共产党的领导。另一方面，红色资源带有历史印记，历史的故事和经验可以为我们，包括大学生在内，提供宝贵的借鉴和指导。我们应当牢记历史的经验教训，将其作为今后行事的参考。红色资源中体现了中国共产党百年征程的成功经验，对大学生未来的生活、学习和毕业后的工作都具有重要的启示和指导作用。这些成功经验和光荣历史，给大学生带来了鲜活的教育内容，同时能够帮助他们树立符合时代要求的理想信念，进而形成崇高的信仰和信念。就像前人所说，"前事不忘，后事之师"，借鉴历史，综合历史的经验教训，对大学生思想进行引导和影响。因此，红色资源对于大学生的理想信念和精神成长具有重要意义。

3. 红色资源融入大学生理想信念教育有利于达到教育效果

传统的理想信念教育是依托思政课进行教育和培养的，传统思政课以讲授为主，学生参与到课堂中的机会较少，并且课程体验感不强，这样的授课方式并不能将授课内容以最好的方式进行呈现，教学的效果也是有待于提升的。红色资源的融入可以弥补传统思政课的短板，包括但又不局限于参观、实践等方式进行授课，能够让学生们更好地参与到课程内容中去，亲身投入整个环境当中，成为课程的主体，不仅仅会激发听觉和视觉的感官，更是能调动其他各种感官。比如，在参观红色资源的时候，学生可以用眼睛观察、用耳朵听、用手触摸，甚至可以用鼻子闻，调动更多的感官参与，参与的内容越复杂，越有利于掌握知识，这样大脑越能获得了足够多的信息，从而达到更好的教育效果。红色资源的融入，更能够吸引学生的学习兴趣，让学生自觉、主动地接受思政课，用环境熏陶学生，在潜移默化中影响大学生理想信念的形成。尤其是面对一些冲击力较强的内容，一定会对学生的心灵起到震撼的效果，帮助学生突破与老一辈共产党员们的时空局限，做到精神上的交流，从而对大学生的理想信念形成产生积极的影响。

（二）红色资源融入大学生理想信念教育的策略

1. 有效运用科技手段，创新红色资源融入大学生理想信念教育形式

目前，对于学生的理想信念教育主要依靠思政课堂的讲解，然而这种讲解往往停留在理论层面，学生的学习也仅限于理解阶段，难以真正引起学生的共鸣。尽管思政教师在课堂上配合优秀案例进行讲解，甚至利用媒体以视频形式呈现，但对学生来说，这些优秀案例只是屏幕另一端的"大人物"或"好故事"，很难产生真实的共情。由于学生没有真实接触的机会，产生了一种疏离感，对案例了解的欲望不强或兴趣不高，从而难以提高学习积极性。然而，很多高校已经逐渐意识到了这个问题，也认识到红色资源对大学生理想信念教育的重要性。但由于红色资源的特殊呈现形式，一些存在于博物馆或纪念馆的资源，有些甚至不在高校所在的城市，都因空间限制而难以真正融入思政课堂。因此，很多高校无法将红色资源有效地纳入思政课教学中，无法充分发挥红色资源在培养大学生理想信念教育方面的重要作用。

想要突破空间上的局限性，善于运用当前的科技手段就非常有必要。积极寻求科技手段的帮助，可以将红色资源的虚拟转化为现实。例如，可以将红色资源通过 AR（增强现实）技术的这种形式进行呈现。AR 技术也是近几年刚刚兴起，通过发展走入大众的视野。但是现有的 AR 技术更多的是在探索如何改变人们的生活和工作方式，为人们提供生活和工作上的便捷。事实上，AR 技术远不止于此。现在 AR 技术也是青年大学生喜欢谈论的话题，如果能将此技术与红色资源相结合，对于红色资源的呈现无疑是一种打破地域空间局限的手段，也是一种大学生们乐于接受、喜欢探索的方式，但是现在的 AR 技术呈现的内容大都是娱乐化的。AR 技术只是一种呈现内容的方式，既然可以呈现不同的内容，那也应该可以呈现红色资源的内容，这并不是技术上的难题。将红色资源通过这种 AR 科技手段进行呈现，一方面是学生喜闻乐见的形式，便于他们对红色资源产生浓厚的兴趣，从而以更积极的心态接受红色资源，也能更好地影响学生理想信念的树立。

另一方面以科技的手段呈现红色资源，学生可以在课堂上佩戴 AR 眼镜，便可以突破红色资源在地域上或者空间上相对固定，不易融入课堂的局限性，帮助各地的红色资源更好地来到学生的身边，走进学生的课堂，走进学生的心灵，从而积极影响学生理想信念的形成。

2. 深入挖掘红色资源，丰富红色资源融入大学生理想信念教育内容

要深入挖掘红色资源，无论是校内还是校外，都应该积极利用起来。如若一些学校周围存在红色资源，学校以校园周围的红色资源为依托，可以尝试建立爱国主义教育基地，开设特色校本课程，一方面可以打破红色资源的位置局限性，将红色资源带到学生的学习和生活中来，从而使得红色资源得以充分运用。另一方面也可以将此红色资源与本校的思政课相结合，将红色资源融入思政课的实践操作中，通过这样的方式可以丰富学生的思政课内容，一来可以帮助学生建立对于学校的热爱和自豪感，二来也可以发挥环境潜移默化的作用，润物细无声地影响学生理想信念的树立。如长沙师范学院开展的"五齐"活动："齐观"徐特立纪念馆、"齐上""徐特立的人格精神与教育思想"等校本课程、"齐诵"《毛主席给徐老的一封信》和原创诗歌《特立颂》、"齐说"徐特立生平故事与学习体会、"齐创""特立精神"红色作品。

若本校自身不具备红色资源的优势，也不能放弃将红色资源融入大学生理想信念教育的方式。学校可以联系学校所在地或周边地区的爱国主义教育基地，包括但不局限于博物馆、纪念馆等场所，与此进行合作，共建思想政治教育实践研修基地，通过这样的方式，可以发挥红色资源的优势，让红色资源的价值优势也能得到充分的发挥。并且可以加强思想政治教育，提高高校思想政治课的质量和水准，高校师生可以到爱国主义教育基地进行参观、学习等相关的活动，还可以为实践活动的开展提供必要的支持和指导。通过这样的方式，可以帮助学生们走进红色资源，贴近历史原型，从而促进学生树立正确的理想信念。

3. 重视校园文化建设，保障红色资源融入大学生理想信念教育环境

教育环境有利于陶冶学生的情操，与课堂中的理论灌输性教育形式完全不同。学校是学生学习和成长的摇篮，优美的校园环境，在一定程度上会影响到学生的心理，还可以激发学生的内在潜能，进而使他们在有限的时间内进行创造性学习。所以将红色资源融入大学生的理想信念教育环境中就尤为重要。一方面，要搞好校园的物质文化建设，将校园内的宣传栏和条幅充分利用起来，起到宣传和教育的重要作用，也可以建设特定的宣传场所，例如可以建设宣传长廊进行教育宣传。其中可以将中国共产党的历史以图片的形式进行展示，并且配合雕塑，这样的校园一角能充分感染学生，学生可以自主地进行参观学习，没有强制性的学习任务，能让学生在一个相对轻松的氛围感受这些内容想要传递的内涵，接受红色文化传达的思想，如长沙师范学院开展的"校本红色资源铸魂育人"的主题宣讲。另外，也要考虑到这种宣传场所设置的地点，可以设置在教学楼附近、食堂附近或者宿舍附近，尽量设置在学生们每天必经的位置，这样能发挥宣传教育的最大作用。通过这种潜移默化的熏陶，即使没有强制性的讲授和学习，也会对思想产生积极的影响作用，帮助学生树立正确的理想信念。

另一方面，不能忽视精神文化建设。以学校或者马克思主义学院为主导，由学校青马社团统筹协调，组织全校规模的以党史文化等红色资源为主题的文艺汇演、舞台剧、红色歌手大赛、红色主题微视频摄影比赛等学生喜闻乐见的文艺活动，调动学生积极参与。除了文艺活动，还可以开展学术性活动，学术性活动与文艺活动相比更严肃，可以帮助学生在党史文化的学习和领悟上更加深入，通过理论性的学习武装头脑。而且这种学术活动也是普通课堂教学的课外延伸，既满足了学生们的需求和兴趣，又为提高学生综合能力提供了良好的发展平台和机会。学生社团最大的特点就是学术性与娱乐性相结合，与课堂中的理论灌输性学习形成鲜明对比。学术活动不仅仅是枯燥苦闷的，也可以是丰富多彩的，例如红色知识抢答赛、红色主题演讲比赛、中国共产党建设理论宣讲等活动，丰富大学生课余生活，激发大学生对红色资源的热情及兴趣，使其在愉悦身心的同时接受红色文化的熏陶，从而身体力行自觉弘扬红色精神、践行社会主义理想信念。通过文艺活动和学术性活动相结合的方式，促使大学生将学习与实践紧密结合，吸引学生由浅入深地学习、理解、认同，进而达到树立正确理想信念的目的。

第四节　红色资源与中华优秀文化的深度融合

党的二十大报告指出，中华优秀传统文化源远流长、博大精深，是中华文明的智慧结晶，其中蕴含的天下为公、民为邦本、为政以德、革故鼎新、任人唯贤、天人合一、自强不息、厚德载物、讲信修睦、亲仁善邻等，是中国人民在长期生产生活中积累的宇宙观、天下观、社会观、道德观的重要体现，同科学社会主义核心价值观主张具有高度契合性。

《中共中央关于党的百年奋斗重大成就和历史经验的决议》强调，一百年来，我党"形成了以伟大建党精神为源头的精神谱系"。要融通习近平新时代中国特色社会主义思想先进性、时代性、原创性，坚定"自信自强、守正创新"思想路线，就要将传承红色基因和弘扬优秀传统文化统筹起来加以重视，这是我们立足中国共产党建党百年新起点，进一步加强红色资源和传统文化深度融合的根本遵循和前进方向。

充分发挥红色资源和传承中华优秀传统文化交相辉映的特色资源优势，全面系统挖掘整理中国共产党的精神谱系资源，深入做好红色资源和优秀传统文化深度融合工作，推动优秀传统文化更好地创造性转化、创新性发展，让红色资源传承弘扬的氛围更加浓厚，为实现中华民族伟大复兴汇聚更为主动、更加深厚的精神力量。要以历史的视野，紧跟时代精神和现实斗争需要，把中华优秀传统文化、革命文化和社会主义先进文化有效贯通聚合，探索深度融合的有效路径，打造多元化的平台和渠道，使之更好地服务人民，服务时代。

一、红色资源是增强文化自信的基础

文化是一个国家、一个民族的灵魂，文化兴国运兴，文化强民族强。中华民族是一个有着五千年悠久历史和灿烂文化的民族，在历史发展的长河中，虽然历经波折，甚至还遭受着外族文化的入侵，但是从来没有被异化，彰显了强大的生命力。文化自信是一个国家、民族、政党对自身文化价值的充分肯定，对自身文化的坚定信念，是一个国家、一个民族发展中更基本、更深沉、更持久的力量。中华民族文化自信的根基主要来自三个源头：一是对中华民族五千多年的文明历史所孕育的中华传统文化的高度自信；二是对革命战争年代，由中国共产党人、先进分子和人民群众共同创造的革命文化的自信；三是对中国共产党带领人民在进行社会主义建设和改革开放两个历史时期中所创造的社会主义先进文化的自信。红色资源与文化自信有着密切的关系。

（一）红色资源是文化自信的重要源头

红色资源诞生于革命年代，是中国共产党领导中国人民在进行伟大斗争中形成的不屈不挠、不怕牺牲、勇往直前的大无畏精神，饱含着中国共产党人的理想信念、革命情怀和价值诉求，代表着先进文化的前进方向，见证着中华民族从民族独立到民族复兴的一系列历史发展阶段。特别是在当今全球化时代，多种文化与价值观相互交织、渗透与冲突，对人们的精神世界带来了极大的冲击，再加上外来的腐朽思想文化和网络消极文化对人们思想道德观念、价值取向和行为模式等产生了广泛和深刻的影响，对主流的意识形态不断地进行消解，导致一些人出现了人生观、价值观的扭曲，一些领域出现了道德失范、诚信缺失等现象。此外，西方敌对势力对我国从来都没有停止过西化、分化的战略图谋，以历史虚无主义、人权自由等为幌子在我国主流意识形态领域进行渗透和颠覆，面对这种情况，我国社会需要正确的引导，人们渴望一种真实的情感寄托与精神依附。而以爱国主义为核心的红色文化资源可以让人们深刻认识到红色政权来之不易、新中国来之不易、中国特色社会主义来之不易，从而更加自觉地增强"四个意识"、坚定"四个自信"、做到"两个维护"，奋力走好新时代的长征路。

（二）红色资源为文化自信奠定基础

文化是一种软实力，由中国共产党缔造的红色文化资源根植于中华优秀传统文化的现实土壤之中，体现着中国共产党人的理想信仰、优良作风道德品质与革命传统，具有高度的政治认同、经济认同、社会认同和文化认同的作用，体现了无产阶级的意志，印证了中国共产党的奋斗使命，凝结着中国人民的理想信念，可让广大人民群众从中汲取催人向上、动人心弦的正能量。弘扬红色资源，学习红色文化，可培养中华民族文化自觉，提高全民族文化自信，增强国家文化软实力。

红色资源既是中华民族宝贵的财富，又是对中华优秀传统文化的继承与创新，激励一代又一代中华儿女为理想和信仰拼搏奋斗。正是一代又一代中华儿女对红色基因的传承，才使得红色资源在各种文化碰撞中始终保持着鲜活的生命力，成为新时代人们所需要的精神养料，生成最广泛的文化自信，进而提升国民对于自身文化的自信心和自豪感。

二、红色资源对中华优秀传统文化的继承与发扬

红色资源对中华优秀传统文化的继承与发扬可以从以下五个方面展开：

（一）传承英雄精神

红色资源中蕴含着无数英雄的事迹和精神，这与中华优秀传统文化中崇尚英雄、弘扬正气的价值观相呼应。通过讲述英雄人物的故事，传承英雄精神，激发人们的爱国之情和民族自豪感。

（二）弘扬集体主义精神

红色资源凝聚了无数共产党员和革命先烈的牺牲奉献精神，这与中华优秀传统文化中崇尚集体主义，强调人与人之间的亲情、友情、社会责任等观念相契合。通过红色资源的教育和宣传，弘扬集体主义精神，培养人们的社会责任感和奉献精神。

（三）传承革命精神

红色资源承载着中国革命的艰辛历程和伟大成就，这与中华优秀传统文化中对抗外敌入侵、追求民族独立和人民解放的精神相契合。通过红色资源的传承，让人们了解革命的历史背景、理念和实践，激发民族自豪感和爱国之情。

（四）弘扬劳动精神

红色资源中蕴含着中国共产党人和革命先烈的艰苦奋斗与不屈不挠的劳动精神，这与中华优秀传统文化中崇尚劳动、尊重劳动者的价值观相协

调。通过红色资源的宣传和教育，弘扬劳动精神，倡导勤劳致富、奋发向上的价值观念。

（五）发扬民主精神

红色资源中体现了中国共产党领导下的民主革命的历程，这与中华优秀传统文化中强调民主、和谐和平等观念相吻合。通过红色资源的传承和弘扬，促进民主精神的发扬，培养人们的参与意识和自治能力。

通过将红色资源与中华优秀传统文化相结合，可以进一步加强对中华优秀传统文化的继承与发扬，推动社会主义核心价值观的传播和实践，培养人们的爱国情怀和社会责任感。同时，也能让红色资源得到更好的保护和传承，铭记历史、珍视和平、凝聚力量，推动中华民族伟大复兴的进程。

三、红色资源有效融入中华优秀传统文化的途径

案例

缅怀革命先辈　传承红色基因

2023年4月1日，徐特立故居纪念馆联合长沙师范学院在长沙县江背镇徐特立故居开展"缅怀革命先辈，传承红色基因"活动，缅怀徐特立先生，向老校长致敬，倡导清明节文明祭扫。

活动现场，全体人员面向徐老的铜像行三鞠躬礼，并依次上前献上花篮、花束，寄托对老校长的无限追思，向人民的教育家、坚强的老战士致以崇高的敬意。作为新时代的大学生，我们要在老校长的指引下，不忘初心、牢记使命，赓续红色血脉，增强责任担当，做一个对社会、对国家有用的时代新人，走好新时代的长征路。大家接受了一次触及心灵的思想洗礼，徐老"革命第一、工作第一、他人第一"的崇高精神激励着在场的所有人。

"当泐潭寺的钟声在心中敲响，当荷花池的流韵在梦里回荡，今天我们用最真最美的声音为您歌唱……敬爱的徐老啊，您的教泽浩浩汤汤……"在故居的天井中，长沙师范学院的同学们共同朗诵了纪念文章《特立颂》，

用嘹亮的声音，传递出青春的铮铮誓言。随后，各单位负责人、学生代表到五美中学和湘阴港村祭扫徐老亲属（见图1-4）。

图1-4 "缅怀革命先辈，传承红色基因"活动现场

活动结束后，大家纷纷表示，在今后的学习、工作中，传承徐老不畏艰难困苦、坚定崇高理想并为之奋斗终身的精神，以永不懈怠的精神状态和一往无前的奋斗姿态，不忘初心、砥砺前行。

（一）重视历史教育

为加强红色教育，可以将红色资源与中华优秀传统文化相结合，通过历史故事、红色经典等方式，让人们深入了解和传承红色精神，同时理解中华优秀传统文化的价值。在教育中，可以通过丰富多样的教学方法与资源，将红色教育与中华优秀传统文化相融合。例如，课堂上可以选取红色经典作为教材，让学生通过阅读、讨论等方式深入了解红色故事和传统文化的内涵。同时，通过组织红色主题的活动、比赛等形式，让学生亲身参与，体验红色精神和传统文化的魅力。

（二）增加红色主题活动

组织或参与以红色资源和中华优秀传统文化为主题的活动，如红色文化节、红色艺术展览等，通过展示和体验的方式，让人们更深入地了解红色资源和中华优秀传统文化。在红色文化节活动中，可以安排红色主题的演出、文艺表演、红色文化展览等环节。通过舞台表演、音乐演奏等形式，生动展现红色故事，让观众深入感受红色精神的力量。同时，可以组织红色文化展览，展示红色文物、图片、文献等，让参观者通过观看、阅读等方式，更直观地了解红色资源的珍贵和中华优秀传统文化的丰富。开展红色艺术展览，邀请艺术家以红色主题进行创作，通过绘画、雕塑、摄影等艺术作品，呈现红色资源与传统文化之美。这样的展览不仅可以展现艺术家的创作，也可以引发观众对红色故事和中华优秀传统文化的思考和探索。通过举办红色主题活动，可以让人们更加深入地了解红色资源的价值和中华优秀传统文化的魅力。

（三）整合红色资源

将红色资源与中华优秀传统文化的教育、旅游、文化产业等领域结合起来，打造全新的文化产品和旅游线路，以促进红色资源的传承和利用。打造线上线下交互融合的红色文化体验平台。建设线下红色文化博览中心，利用特色影像、全景展厅等手段生动化展示红色产业精品。搭建线上红色产业信息云平台，利用互联网和大数据技术对接各类红色资源，实现优质红色资源的高效整合。

（四）强化教育宣传

为了充分发挥红色资源在传承和弘扬中华优秀传统文化方面的重要作用，需要在学校、社区、媒体等平台加大宣传力度，让更多人了解红色资源的意义和价值。通过宣传，可以唤起更多人的历史意识和文化自觉，激发人们对红色资源的情感认同，并为此付诸行动。在学校，可以增加红色资源的展示和教学。通过课程设置、展览等方式，让学生更加亲近红色资源，了解其内涵和意义，提升文化自信和爱国情感。在社区，可以举办各种形式的文化活动，如文化讲座、主题影视活动等，通过宣传教育，提高红色资源的社会知名度和影响力。在媒体，可以通过各种渠道和形式，如网络、电视、报纸等，进行广泛宣传，让更多人了解红色资源的故事和精神内核。

（五）加强产业协同互动

积极培育新型文化业态，充分运用各种科技手段和资源优势，通过对红色资源和优秀传统文化的深度挖掘，加强两者之间的紧密联系，增强产业发展活力。鼓励和引导文化企业增强创新意识，探索产业链条和价值链条延展策略。将红色资源产品与日常生活深度融合，实现"吃住行游购娱"全产业链拓展，探索更多适合开展红色主题教育和青少年进行红色研学的精品线路。实施品牌化战略，加强各类主体的充分交流，借鉴先进经验，充分整合资源，打造品牌，增强吸引力。

通过以上的方式，红色资源和中华优秀传统文化可以有机地结合起来，使红色资源更好地为社会主义核心价值观服务，同时让中华优秀传统文化焕发出新的活力和影响力。

思政园地 --->

　　红色是中国共产党、中华人民共和国最鲜亮的底色，在我国 960 多万平方公里的广袤大地上红色资源星罗棋布，在我们党团结带领中国人民进行百年奋斗的伟大历程中红色血脉代代相传。每一个历史事件、每一位革命英雄、每一种革命精神、每一件革命文物，都代表着我们党走过的光辉历程、取得的重大成就，展现了我们党的梦想和追求、情怀和担当、牺牲和奉献，汇聚成我们党的红色血脉。

　　——2021 年 6 月 25 日，习近平在主持十九届中央政治局第三十一次集体学习时的讲话

第 二 章

以"特立精神"为例的文化育人实践探索

青年人任重道远，要继承的不是财产，而是前辈留下来的尚未完成的革命事业，发扬前辈的革命精神。

——徐特立

学习目标

◆**知识目标**

熟悉文化内涵及属性。

了解文化的育人功能。

◆**能力目标**

把握文化育人的本质内涵。

掌握文化育人的价值目标。

◆**素质目标**

提高文化涵养，理解"特立精神"对个人成长的重要意义，自觉弘扬"特立精神"。

案例导入

弘扬特立精神　领航青年成长成才

青年兴则国家兴，青年强则国家强。近年来，长沙师范学院共青团工作紧紧围绕立德树人根本任务和学校"五个长师"建设要求，坚持党建带团建,传承和弘扬"革命第一、工作第一、他人第一"的特立精神,扎实做好引领青年、凝聚青年、服务青年等工作,推动新时代党的创新理论深入青年人心,引领广大青年听党话、跟党走,自觉践行"请党放心,强国有我"的青春誓言,努力成为堪当民族复兴大任的时代新人。

坚持思想铸魂,培育青年"革命第一"的政治信念

理想指引人生方向,信念决定事业成败。长沙师范学院各级团组织始终把帮助广大团员青年树立正确的理想、坚定的信念作为首要任务,以班级团支部为单元,以支部课堂为基础,着力推进理想信念教育,不断引领广大团员青年听党话、感党恩、跟党走,擦亮青年学生人生底色。

全校各级团组织通过深入开展"学党史、强信念、跟党走"党史学习教育、"喜迎二十大、永远跟党走、奋进新征程"主题教育实践、"青春心向党　建功新时代"主题团课公开课等教育活动,强化青年思想引领;成立"特立青年"讲师团,让青年走到"舞台"中央,通过集中宣讲、自行点单、讲师派送等形式讲红色故事、传承红色基因;充分挖掘周边红色资源,共建徐特立纪念馆、许光达故居、田汉故居等"红色教育基地",筑牢青年红色信仰;以"书记有约"——党委书记与青年学生面对面活动,开启思政教育新模式,展现全面落实党建带团建的生动实践(见图2-1)。

图2-1　徐特立纪念馆

近年来，学校共青团的组织建设工作明显：11 位学生获评"全国优秀共青团员""中国大学生自强之星""湖南省优秀共青团员"，5 位青年师生获评"湖南省优秀共青团干部""湖南向上向善好青年"，并入选"湖湘青年英才"计划，5 个团支部（总支）获评团中央"活力团支部"、"湖南省五四红旗团支部（总支）"，学校团委获评"湖南省五四红旗团委"、湖南"青马工程"线上学习优秀组织单位等称号。

坚持以文化人，培育青年"工作第一"的实干精神

长沙师范学院各级团组织秉承"思想引领、文化滋养、艺术熏陶"的育人理念，注重学生获得感和幸福感，以崇实重行激励学生在青春的赛道上奋力奔跑，争取跑出当代青年的最好成绩。

学校团委着力推进"红色基因革命薪火代代传承"行动，用精品活动熏陶青年，用高雅艺术感染青年，广泛开展了"特立杯"学生大讲坛、"田汉杯"舞台剧大赛、校园文化艺术节、高雅艺术进校园等系列活动，创作了《希望》《特立颂》《奋进吧，新时代青年》等一批深受青年喜爱的文艺节目；打造原创读书栏目"书适人生"，开设"长师电台""青言青语"，推出"长师晚八点"等系列青年喜欢的网络作品；定期开展"缤纷百团""社团活动巡礼周""社团游园会"等系列活动，引导青年健康向上成长。

近年来，"雷风侠"志愿者协会、武术协会等 13 个学生社团被评为湖南省高校"百强"学生社团，学校连续两届在湖南省大学生社团就业创业能力挑战赛荣获最佳组织奖，参加"挑战杯"竞赛、青年文化艺术节、大学生公益广告大赛等赛事获省级、国家级奖项近百项，多次荣获优秀组织奖。

深化实践育人，培育青年"他人第一"的崇高品格

实践是检验真理的唯一标准。长沙师范学院各级团组织聚焦"我为群众办实事"，坚持课堂内外相互呼应、同向发力，深化实践育人，引领青年在社会实践、志愿服务等活动中砥砺品格、学以致用，践履知行合一，彰显青年的时代担当（见图 2-2）。

图2-2 长沙师范学院青年学生开展"青春心向党 建功新时代"暑期社会实践活动

学校团委以湖南省"雷锋杯"、长沙市"雷风星"、长沙县"志愿青春"等项目为抓手，常态化开展关爱慢天使、儿童体适能、绘本伴读、阳光助残、"雷风侠"书屋、煦童计划等志愿服务，让青春力量延伸到基层服务的"神经末梢"；立足专业学科优势，以阵地化形式推进社会服务，140余支实践团队深入学校乡村振兴帮扶点和偏远乡村，开展艺术课程、安全教育、防溺水教育、红领巾课堂、教学汇报展演、送戏下乡等，引导青年学生在教育实践中锤炼本领、增长才干；以组织化的形式引领青年参与疫情防控，通过线上主题团课、"疫"线行动基层抗疫志愿服务、"为奉献者奉献"志愿关爱行动、"绘本述疫情，齐心同抗疫"有声绘本录制和推广等活动，引导团员青年增强防控意识，强化责任担当，争当防控表率。

近年来，学校连续四年获评湖南省大学生暑期"三下乡"社会实践活动优秀组织单位，3支团队获评全国大学生暑期"三下乡"社会实践优秀团队、百强暑期实践团队，2支团队入选"请党放心，强国有我"2021年全国大学生暑期三下乡"千校千项"网络展示活动等。同时，作为长沙县首批参与基层治理项目典型，"玩美社区"儿童美育行动计划受到团省委、团市委的高度认可和群众的一致好评。

2022年是党的二十大召开之年，也是中国共产主义青年团成立100周年。长沙师范学院共青团将以对党的绝对忠诚，以中国共青团百年积蓄的强大信仰力量、顽强斗争精神、坚定历史自信，始终心怀"国之大者"，传承"特立精神",引领团员青年在服务大局和奉献社会中当先锋、做闯将,努力成为堪当民族复兴重任的时代新人。

第一节 文化及其育人功能

一、文化的内涵与属性

从文化的发展趋势来看,无论是中国还是西方,文化正逐渐成为一切问题的中心问题。文化被理解为由人制造的观念、思想形式、感觉方式、价值和意指的复杂总体,在象征系统中得以物质化。所以,文化和人的精神追求、话语表达密切相关,文化的核心是精神内涵、价值观与价值体系。

(一)文化的一般属性

"文化"一词,通常与"政治""经济""科技"等具象事物并列,以彰显其重要性。然而,文化并非具象的存在,而更多地表现为精神追求与价值选择,无形中弥漫于社会之中。人们在使用"文化"一词时,往往感到其内涵丰富却难以言说,因为文化无所不在却又无法触及。深入剖析文化的属性,就是为了更准确地把握其内核与本质。这不仅有助于我们理解社会发展的深层动因,也有助于我们提升自身的精神境界,实现更高层次的价值追求。

1. 文化的主体性

文化的主体性指的是文化所属的特定群体或个体对文化的创造、传承和演变过程中发挥的主导作用。文化是由人类社会创造的,因此文化的主体一般为人类社会。每个社会都有自己独特的文化特征和价值观念,并且这些文化特征和价值观念会在社会成员的同意和传承中不断地演变和发展。在这个过程中,社会成员扮演着非常重要的角色,他们负责创造新的文化元素和传承老的文化传统,从而维护和弘扬这个社会的文化内涵。可以说,社会成员是文化的主体,他们的行为和态度会直接影响到文化的发展和演变。

2. 文化的意识形态属性

文化的意识形态属性指的是文化所具有的特定的价值观念、信仰体系、思想观念和意识形态倾向。文化是人类社会的精神遗产，它包含了一系列的观念、信仰和思维方式，对个体和社会的认知、行为和价值判断产生深远影响。文化的意识形态属性包括但不限于以下四个方面：

价值观念——文化中的价值观念，如正确与错误、美与丑等。这些价值观念根据不同的文化背景可能有所不同。

信仰体系——文化中的信仰体系是对超自然力量、宗教信仰和精神世界的态度和信仰。宗教信仰、哲学思想和道德准则等都是文化的一部分，这些信仰体系指导着社会成员的行为与决策。

思想观念——文化中的思想观念涉及对真理、知识、教育和科学的看法，以及对艺术、文学、音乐、戏剧等领域的审美观念。思想观念反映了文化对智力发展和表现形式的理解与追求。

意识形态倾向——文化中的意识形态倾向涉及对社会政治制度、经济体系、社会阶级关系等的看法和态度。不同文化的意识形态倾向可能涉及对民主、社会主义、资本主义等制度的态度和信仰。

这些意识形态属性在一定程度上塑造了社会成员的行为方式和社会结构，对社会的发展和变革产生重要影响。

3. 文化的交流性

文化交流与传播是文明社会不可或缺的一部分，其普遍性不容忽视。在现实中，文化的传递并非同一地区、同一民族中的同一种文化的孤立传承，而是通过与不同文化之间的互动、碰撞和融合来推动的。文化学习和文化模仿是不同文化交流过程中至关重要的形式。文化的交流性表现在横向和纵向两个维度，其中横向交流涉及不同地域、种族、民族、群体、行业等之间的学习交往和融合渗透，是文化之间优势互补、平衡发展的过程。纵向交流则是文化传承与发展的体现，也是文化不断优化整合、创新进步的过程。

（二）文化的特殊属性

1. 文化是民族性和地域性的有机统一

自然条件和地缘因素是影响人类生产生活的两大基础要素，正是由于自然条件和地缘因素的不同，直接影响到文化共生关系，促使人类群体形成各自的生产模式、价值选择和思考方式，也就是我们通常所说的"一方水土养一方人"。以此为基础，便形成了以某一人类群体区别于其他人类群体的文化品质，而这种文化品质在一定的条件下集聚起来，形成规模，就可能会构成一种独特的生活方式甚至文化形态。实际上，某种文化体系的产生或形成包含于各不相同的具体文化类型中，民族往往是文化结合的第一层。而追求或信服某种文化类型的群体也会因此聚集在一起，在这种共同体文化的促使下形成新的社会群体。

2. 文化是历史性和继承性的辩证统一

文化的形成与演变本身就是主体不断实践和自我积累的过程，也是从低级转向高级的改变。文化是历史的产物，并受到历史因素的影响，同时也具有传承的特点，即后代可以继承、发扬前人的文化传统。文化作为一种社会现象是不断发展和演变的，并且会受到地域、民族、宗教、政治、经济等多种因素的影响，因此每个时代、每个人群都有不同的文化特点和表现形式。

3. 文化是稳定性和动态性的辩证统一

要解读文化的稳定性，必须以民族的稳定性为前提，因为相对稳定的群体实践活动是形成文化的基础。民族的稳定性是指它的确定性、顽强性和长期存在。所谓确定性，就是它的成员是明确的，清楚的；所谓顽强性，就是它在与其他人类集团交往时，是坚强的，耐久的；所谓长期存在，就是说它是一个历史范畴，将在一个很长的历史时期内存在下去，直到将来的融合和消亡。以中华民族为例，从上古时期以共有血缘为基础的华夏部落联盟，到国家建立后以共同利益为核心的华夏族，伴随民族组成形式的优化和内部机制的合理化，民族本身的稳定性也在日益增长。另外，地理环境的动态稳定和历史的连续性也为民族的稳定性提供了保障。文化的动态性是文化保持生命力的源泉，主要通过文化的互化与文化的涵化这两种方式进行。文化的动态性促进文化的变革与创新，这既表现为文化的对外交流，也表现为文化对内的"本土化"历程。

二、文化的育人功能

在我国，"功能"一词古已有之，主要有三种含义：第一种含义是指

"功能、功效",例如《汉书·宣帝纪》中有"五日一听事,自丞相以下各奉职奏事,以傅奏其言,考试功能"。第二种含义是指"技能、能力",如《管子·乘马》中所述,"工,治容貌功能,日至于市。"第三种含义在现代汉语中是指某一事物或者方法所发挥出的有利效能和作用。在西方,"function"一词最早适用于描述生物学领域物种的发展,指代有助于维持有机体的有机过程或生命过程。后来被借用于社会学领域,并在语言学、建筑学等学科领域逐步应用。

依据不同的划分标准,文化功能的类别也有所不同。从文化作用的对象来看,文化在政治、经济、社会、教育、生态等方面发挥着重要作用。同时,文化的传承、创新、教化、塑造等功能也与文化的性质相关。文化的功能还可以按照类型划分为物质文化、精神文化和制度文化,满足人的生理、心理和社会需求。然而,这仅仅是普遍情况下的分析,文化形式与人的需求并非完全的一一对应关系。例如,服饰文化在满足保暖需求的同时,也满足了审美需求。随着人的需求不断变化、丰富和提高,文化功能也在不断演变。文化的育人功能属于文化社会性功能的首要方面,文化的社会性功能是指文化在满足人与人、人与社会之间关系的需求时所发挥的作用,因此先从文化与个人的关系、文化与社会的关系两个方面对文化的育人功能进行如下分析。

(一) 文化育人通过文化对人的塑造和教化

文化育人通过文化对人的塑造和教化,这在文化与个人的关系中显得尤为重要。其实质在于使个体文明化、文化化,包括自然人的社会化、自发人的自觉、蒙昧人的启蒙和开化。文化育人的过程主要体现在个体行为、思想的规范与制约上,一是通过文化的传播和教育,使人们对事物有认知和了解;二是通过共同规范的影响和传承,使个体逐步理解并形成认同的理念;三是促使个体自发自觉地遵守共同规范,以此指导实践。从文化与社会的关系来看,不同的文化塑造了不同的民族,这也导致了不同民族的人在价值追求、道德观念、精神气质上有着不同的表现。然而,中国文化自古以来就强调和谐共处,追求有机统一,"协和万邦""修齐治平"的理念即为明证。人对于社会的价值,也体现在其为群体谋取福利的情况上。

因此，必须重视文化育人的作用，通过文化的传播和教育，引导个体自觉遵守共同规范，为构建和谐社会作出贡献。

（二）文化的育人功能基于文化认同的实现

在不同历史条件下，一个国家和民族的文化为社会公共交往提供了根本的价值准则，发挥着促进和规范公共交往的作用，进而凝聚人民的力量。族群、民族、国家的形成带来了独特的共性思维、共同追求和价值取向，这成为该群体文化的共同着力点，最终被广泛认同并转化为行为实践。文化认同是民族认同的重要基础，也是建构民族凝聚力的重要资源。文化育人的目的是促进文化认同的形成。一旦一个国家或民族形成了独有的文化认同，个体的归属感和荣誉感将被强化，民众与国家之间形成紧密的联系，凝聚成一种难以替代的共生力量。

（三）文化育人活动是针对大众的整合性教育实践

文化育人活动是针对大众的教育实践，其整合性在于将社会上各种价值观念、伦理道德和思想观念等文化形态进行整合和融合，形成密不可分、相互关联的文化体系。文化育人的过程体现了文化整合力的作用，逐步展现出一个国家或社会的主流文化，让文化中蕴含的思维方式、道德规范、理性思考等内容转化为公众所理解和接受的社会意识和客观精神，最终成为人们广泛接受的价值观和行为模式。

知识链接

以文润心，提升文化的育人功能

中国文化源远流长，中华文明博大精深。在文化传承发展座谈会上，习近平总书记深刻指出："只有全面深入了解中华文明的历史，才能更有效地推动中华优秀传统文化创造性转化、创新性发展，更有力地推进中国特色社会主义文化建设，建设中华民族现代文明。"学校具有集中式、系统化、持续性进行中华优秀传统文化教育的独特优势。将中华优秀传统文化融入教学育人全过程，用以培根铸魂、启智润心，必将更好地引导广大学生立大志、明大德、成大才、担大任。

坚持融会贯通。中华优秀传统文化蕴含着讲仁爱、重民本、守诚信、崇正义、尚和合、求大同等价值观念，是高校教学育人的重要资源。用好这个资源，就要让文化融入课堂，积极编写校本教材，开设必修与选修课程，探索"研讨式，体验式、沉浸式"课堂模式；为文化打造载体，综合运用全媒体方式、大众化语言、艺术化形式，全方位、多层次开展宣传普及，举办各类学习宣讲、征文演讲、分享交流活动，用文化涵养品格，用精神提振人心；让文化融通心灵，教育引导学生全面理解中华优秀传统文化，找准自身定位，明晰人生方向，在奋斗中实现价值。还可立足地方特色文化资源，讲述历史文化名人故事，激励学生见贤思齐，将自我价值与国家发展、民族命运紧密联系起来。

突出知行合一。提升文化的育人功能，需要从教育的主体和客体两个维度出发，以知促行、以行践知，让文明理念内化于心、外化于行。一方面，开展自我管理、自我服务、自我教育，充分激发学生的主观能动性，引导学生从"要我做"转变为"我要做"，鼓励学生积极参与文创产品、短视频、摄影作品、绘画作品、音乐剧等文化产品的创作，在实践中展示自我。另一方面，以文化育人为抓手，以环境育人为载体，实施"网格＋文化＋育人"校园治理模式，建立宿舍、班级、楼宇、学院四位一体管理机制，设置谈心谈话室、书香活动室、学生活动室等文化空间，科学开展学业辅导、就业指导、思想引导、心理疏导等，打造立体育人格局。

强化内外联动。多措并举，推动文化小课堂同社会大课堂相结合。坚持"走出去"，精心组织与文化相关的社会实践活动，鼓励学生利用寒暑假开展社会实践，创新调查研究、志愿服务等形式，探寻身边的中华优秀传统文化。坚持"请进来"，可与地方文化旅游部门、文化基地（机构）等建立常态化合作机制，围绕研学产品、文创赛事等项目开展深度合作，也可邀请专家学者、文化工作者等走进校园，分享文化故事，用身边的榜样激励广大学生。坚持"传下去"，充分挖掘馆所文物、遗存遗迹、古籍典籍的丰厚资源，让学生在亲身感受、亲身体验中，了解中华文化变迁，触摸中华文化脉络，感受中华文化魅力，汲取中华文化精髓，更好领悟中国特色社会主义道路的历史纵深和文化根基。

文化自信是一个国家、一个民族发展中最基本、最深沉、最持久的力量。高校和教师肩负着为党育人、为国育才的光荣使命，应坚守中华文化立场，努力用中华民族创造的一切精神财富来以文化人、以文育人，不断提高学生思想水平、政治觉悟、道德品质、文化素养，让学生成长为堪当民族复兴大任的时代新人。

第二节 文化育人的内涵与价值

文化育人的核心在于利用文化的力量对个人进行全方位的教育，包括道德、智力、身体和审美等各个方面，以促进他们的全面成长。这不仅仅是一个教育哲学的表达，也是有效进行教育实践的关键路径。对于文化育人的概念，既要继承古代的教育智慧，又要适应当前文化教育在新的社会条件和标准下的需求。通过这种方式，才能更准确地理解文化教育的真谛，并确立恰当的教育目标。

一、文化育人的概念

在中国，"文化"一词实为"以文教化"的简称，"文"是工具，是载体，既包括语言、文字这些基础符号，也包括族群历史、风土人情、生活方式、道德规范、法律制度、价值观念等内容。"教化"是"文化"一词的核心意义，"教化"与"教育"虽只有一字之差，但其内容或者说程度却在"教育"之上。可以说，教化是把政教的风化、教育的感化、环境潜移默化等有形或无形的手段综合运用起来，在正面或直接地向人们灌输道理的同时又结合日常活动实践让人们在不知不觉中明理达事，耳濡目染，其效果自然要比单纯的教育更加深刻和牢固。要实行教化，就必须有"人"这一专属的对象为前提。

《大学》开篇即讲"大学之道，在明明德，在亲民，在止于至善"，指明了以文教化的目标所在。其意思是说，大人之学，在于持续地彰显人内在好的德行，通过教化培养高尚的道德；在于亲和百姓，体会百姓的生活；在于担当化成天下的责任，追求文化修养中的最高境界。由是观之，古人认为文化是使人向上的精神力量，通过文之教化，要培养出明理、有德、有责、有担当的君子。由古及今，教育作为人类经验的直接延续手段和有效方式，依然与文化有着紧密的联系。

文化作为教育的重要载体，不仅承载着丰富的历史底蕴，更塑造着人们的精神世界。它既是教育的源头，也是塑造人的根基。在文化的熏陶下，人们的思想品质得以提升，人文素养得以丰富，社会责任感得以增强。文学、艺术、音乐、戏剧、电影、教育等多种形式的文化活动，都是文化育人的重要手段。通过接触和了解各种文化形式，人们能够开阔视野，深化体验，更好地理解人性，关爱他人，提升自身的道德水平和社会责任感。在当今社会，文化育人的重要性不言而喻，它对于个人的成长和社会的发展都具有深远的影响。因此，必须重视文化的教育价值，充分利用文化资源，为培养具有高素质、有责任感的新一代贡献力量。

二、文化育人的本质内涵

案例

我和书记有个约定　做红色长师传人

2023 年 11 月 16 日，长沙师范学院第二期"书记有约——我和书记有个约定　做红色长师传人"主题交流活动在学前楼四楼二会议室举行。长沙师范学院党委书记罗婷与青年学生代表面对面深入交流，倾听青年心声（见图 2-3）。

图 2-3　主题交流活动现场

"受学校红色文化的影响，我参加了《国歌嘹亮》的朗诵，并作为领诵登上了舞台，参与了'纪念田汉先生 125 周年诞辰'微宣讲活动。""在红色长师建设路上，我曾参与了民族歌剧《先生》的创作，让我进一步了解了田汉先生。""第一次踏进长师，就被他悠久的办学历史和深厚的人文底蕴深深吸引住了"……11 位学生代表谈体会、话成长，对做"红色长师"传人表达了强烈的愿望和坚定的决心。

青年大学生们生逢其时，重任在肩，前景美好，未来将是祖国的栋梁，理应把奋斗作为青春最亮丽的底色，在抓好每一门功课的学习、做好每一件小事、完成每一项任务、履行每一项职责中见精神、长才干。大学生应坚定理想信念，以徐特立老校长"三个第一"精神立身，以田汉先生的"国歌精神"立志，以许光达大将"三让、三争"精神立德，始终保持谦虚谨慎、艰苦朴素、永久奋斗的正能量，练就敢于吃苦、勇于担当的精气神，做敢于担当、乐于奉献、以人为本、胸怀天下，勤朴坚毅、艰苦奋斗的长师传人。

习近平总书记在全国高校思想政治工作会议上曾明确指出："加强高校思想政治工作，要更加注重以文化人、以文育人。"思想政治教育与文化育人可谓是辩证统一的关系。从形式上看，思想政治教育是文化育人的实践系统，文化育人是思想政治教育的自觉活动，自古以来的思想政治教育活动都是以一种文化形态而存在。从教育人的过程来看，思想政治教育的过程是使人们由"自然人"转变为"政治人"的过程，这一过程要得以顺利施行，必须以内容、方法、载体等要素为支撑，而这些要素都离不开先进的文化形态，充分显示了思想政治教育的文化性特征。从培养目标来看，思想政治教育和文化育人都是以指引人的价值取向、塑造人的精神品质、提高人的综合素质为最高追求。从核心理念来看，在当代中国，思想政治教育实际上是社会主义意识形态教育，可见，政治教育是思想政治教育的核心，诸如思想教育、道德教育、心理教育等思想政治教育其他内容的性质和发展方向都由居于主导地位的政治教育来决定。

文化育人在以立德树人为基本理念的前提下，将政治教育作为核心任务，运用"以文化人"的方式对学生进行深度爱国主义教育、坚定的理想信念教育和积极的集体主义教育，让学生从历史唯物主义的角度认识社会主义必然代替资本主义的人类历史发展逻辑，指导大学生树立建设中国特色社会主义的理想和实现共产主义的远大目标。因此，文化育人就是要通过"以文化人"的过程来实现思想政治教育的目标。

文化育人是一个长期的教育过程，必须遵循思想政治教育的规律和学生成长规律，所以，理解文化育人的内涵也应该遵循逐层递进的规律，首先解决"用什么样的文化培育人"，其次在于"用什么样的形式塑造人"，最后要回应"用什么样的核心精神价值造就人"。

（一）用优秀传统文化、革命文化和社会主义先进文化培育人

"用什么样的文化培育人"，这里的文化是指思想政治教育过程中内容和载体意义上的文化，也是思想政治教育活动得以开展的基础和条件。文化有先进与落后之分，有主流与非主流之别，在当下价值多元、文化博弈的背景下，要明确选择什么样的"文"才能够成为"育人"之"文"就显得格外重要。2019 年 3 月，习近平总书记在学校思想政治理论课教师座谈会上的讲话中提出："中华民族几千年来形成了博大精深的优秀传统文化，我们党带领人民在革命、建设、改革过程中锻造的革命文化和社会主义先进文化，为思政课建设提供了深厚力量。"这不光为思想政治理论课建设指明了方向，更是明确了高校文化育人之"文"的内容。

中华优秀传统文化，是指中华民族在长期的发展历程中形成和发展起来的一种反映民族特质的、具有稳定形态的民族文化。它为中华民族所创造并世世代代继承和发展，具有鲜明的民族特色，包含中华民族思想观念、思维方式、价值取向、道德规范、生活方式、情感认同、风俗习惯、宗教信仰和文化艺术等诸多层次的丰富内容。《现代汉语词典》对"传统文化"一词的解释如下：在一个民族中绵延并流传下来的文化。任何民族的传统文化都是在历史过程中形成和发展起来的，既体现在有形的物质文化中，也体现在无形的精神文化中。优秀传统文化非常重视个人品格的培养，正所谓"君子怀德"，拥有理想品格的前提是要追求道德修养，修养德行才能实现人格的完整，继而成为君子乃至圣人。优秀传统文化强调民为邦本，《孟子·尽心下》曰"民为贵，社稷次之，君为轻"，充分体现了我国传统文化对民众、民意的重视。优秀传统文化注重爱国情操的树立，"天下兴

亡，匹夫有责"的壮志豪言激励几代国人为民族大义勇往直前。思想政治教育的育人目标就是要提升人的道德修养，完善人的品格培育，树立人的爱国情怀，促进人的全面发展。因此，要充分挖掘中华优秀传统文化资源，从"天行健，君子以自强不息"中汲取奋发图强的力量；从"修其心治其身，而后可以为政于天下"中树立为官先立德，做事先正身的信仰；从"位卑未敢忘忧国"中吸收尽忠报国的勇气；从"苟日新，日日新，又日新"中追求守正创新的精神。并将这些文化精神进行创造性转化和创新性发展，使其成为立德树人的文化力量。

中国革命文化是中国共产党人创造培育的中华民族特有的文化形态，具有独特的文化价值。它是马克思主义中国化的重要文化成果，是中国革命取得胜利的文化支撑和强大精神动力，也是中国特色社会主义文化建设的优质基因，为我们党、人民军队和民族奠定了先进文化的基础。革命文化以马克思主义理论为指导，以追求共产主义为理想信念，以爱国主义为核心内容，凝聚着中国共产党领导全国人民为保家卫国和实现民族解放而付出的精神追求和品格，具有深远的历史价值和重要的现实意义。作为一种先进文化形态，革命文化具有政治性、人民性、民族性和时代性等特点，与先进思想、道德规范和价值取向相融合，为增强新时代大学生的政治认同和文化认同，坚定"四个自信"提供了科学的行动指南，对培养新时代大学生正确的人生观和价值观具有积极的引导作用。

社会主义先进文化是在党领导人民推进中国特色社会主义伟大实践中，在马克思主义指导下形成的一种面向现代化、面向世界、面向未来的民族科学的社会主义文化。它代表着时代进步潮流和发展要求。社会主义先进文化以马克思主义理论为指导思想，以坚持和发展社会主义制度为本质，以社会主义核心价值体系为精髓，推动着当代中国在社会深刻转型背景下的文化重建，并展示了中国的文化软实力。文化育人必须依托社会主义先进文化的滋养，在汲取中华优秀传统文化和革命文化思想精华的同时，引导青少年树立起社会主义核心价值观，学习国内外先进的理念、知识、科技与创新，与时俱进，紧密跟随时代发展的步伐和变革的脉搏。作为一种价值体系，社会主义先进文化引导着当代青少年的思维方式和行为规范，形成了他们普遍认同的道德基石；作为一种理想信念，社会主义先进文化明确了青少年为之奋斗的理想和追求；作为一种精神纽带，社会主义先进文化在统一青少年思想、树立民族团结理念、铸牢中华民族共同体意识方面具有不可替代的作用。

（二）在"以文化人"的过程中塑造人

当人们谈及"文化"时，往往会出现两种不同的形态。第一种是文化成果，如文学、艺术作品等；第二种则是指"文化的过程"。从历史的生成逻辑来看，文化育人并非一蹴而就的，而是一个渐进、坚持的进程。因此，在文化育人语境下，主要涉及文化"化"人的过程。要实现这一过程，存在两种途径——外在给予和内在生成。

"以文化人"是以"人"为对象的教化活动，一方面，必须依靠文化对个体的外在给予、引导个体向文而化来促使其认识和接受文化精神。另一方面，对于"以文化人"来说，更需要注重个体的主体能动性。仅仅依靠外在的文化引导形成个体的价值选择和精神活动是不现实的，还需要强调内在的生成，将客观的文化内化为个体的精神活动。在现实的思想政治教育中，文化育人的过程更加体现为外在引导和内在生成的双向互动，这种双向互动构成了人与文化相辅相成、互为支持的建构过程。通过文化主体的客体化（将人进行知识化）与文化客体的主体化（将知识进行人化）的相互转化，促进个体的全面发展成为实现"以文化人"基本过程的体现。只有让文化价值融入个体的生活，指导个体的实践行为，逐步通过先进的文化理念塑造学生的文化品格，培养其爱国主义情怀，才能不断提高学生的思想道德素质和文化素养，才能真正实现通过"以文化人"的过程塑造个体，促成文化的外在引导与内在生成的良性互动。

（三）让文化精神和理想信念造就人

文化对个体思想的指引和影响具有抽象性，要形成价值观念甚至理想信念的提升，不能依靠简单地堆砌文化知识，也不能仅仅靠制度和行为的被动服从。相反，它需要在对文化的认知基础上，自觉地迈向对文化的认同，从对文化精神或价值观的认同升华为对价值观的内化乃至理想信念的提升，最终体现为对价值准则或理想信念的行为外化。要实现在精神层面的教育，应重视两个方面的问题：一是道德修养的培育，二是树立社会主义核心价值观。

文化育人的根本目标是通过文化的滋养提升个体的精神境界，熏陶人的心灵，鼓舞人的道德情操，从而有力地影响个体知、情、意的全面发展和道德修养的形成与巩固。在文化育人的过程中，道德修养的培育和树立社会主义核心价值观是相互促进的，社会主义核心价值观是当前中国人民共同的道德准则，也是马克思主义中国化的思想体现。面对百年未有之大变局的新历史条件，社会主义事业的推进与发展需要有更多的接班人，培养符合社会主义发展要求道德品质的青年一代是思想政治教育的重要使命与责任。文化育德是思想政治教育的重要方面，将文化包含的精神动力和道德情操融入整个思想政治教育的发展过程中，贯穿于思想政治教育的各个层面，浸润、滋养青年一代，实现文化育人的主旨与核心。

三、文化育人的价值目标

作为思想政治教育的重要方式，文化育人所追求的目标与学校学生培养，与思想政治教育的总体目标应该保持绝对的一致。文化育人应该以树立社会主义文化自信为主体方向，以培养社会主义核心价值观为基本要求，以培育社会主义时代新人为根本遵循。

（一）树立社会主义文化自信

文化自信是新时代中国特色社会主义文化的根本和标志，它对马克思主义文化思想进行了传承和创新。道路自信、理论自信和制度自信都是外在表达，而文化自信更注重思想和精神层面的考量，强调历史传承和价值传统。增强社会主义文化自信是推动社会主义事业、实现中华民族伟大复兴的精神支柱。文化自信的核心在于对人文主义精神、以价值理性和实践理性为核心的道德规范体系，以及独特的看待世界和事物的思维方式的自信。它还在于对中华文化所展现的独特核心理念和精神气质的自信。思想政治教育所倡导的思想理念、道德规范、思维方式、教育内容、价值追求是社会主义先进文化的重要组成部分，二者相互补充、共同完善发展，在本质上是完全一致的。高校思想政治教育的文化性，最终是要巩固中国特色社会主义文化自信，通过将社会主义先进文化融入丰富多彩的思想政治教育活动，培养学生的文化自信。当然，文化自信的培养也并非一蹴而就，它具有内在的逻辑和过程。

1. 树立文化自信的底气

青年一代建立文化自信首先来源于对文化知识的获取和对中国文化的认知。在培养文化自信的基础上，将知识传授置于关键位置，通过系统学习马克思主义理论、中国特色社会主义理论，以及党史、新中国史、改革开放史和社会主义发展史，奠定思想上的文化自信知识基础。在高校思想政治教育中，重视学习和传播中华优秀传统文化、革命文化和社会主义先进文化的同时，引导学生认识文化自信所具备的理论底气、价值底气和发展底气。一方面，文化自信是对中国特色社会主义文化的坚定信仰，扎根于马克思主义理论对文化发展规律的科学考察，包含着科学认知和理性思考。在科学理论指导下的认知和思考融合于个体的文化活动中，有力地引导青年学生与落后、腐朽、偏激的非理性价值观念进行斗争，从而加强对中国特色社会主义文化的传承、维护和发展。另一方面，中华优秀传统文化、革命文化和社会主义先进文化的产生和发展不是为了某个阶级或个人的需要，而是符合历史发展的潮流，是人类智慧和文明的结晶。它们通过文化的形态反映社会发展的规律，是历史和实践所证明的客观存在的真理。无论过去、现在还是将来，客观真理所秉承的价值理念、精神追求和思想精华都不会被推翻或消亡。

引导青年学生树立文化自信是对文化的传承与坚守，更是对真理的信仰与追求。青年学生作为中国特色社会主义事业的接班人尤其需要建立对自身文化的自信心，在不忘本来的基础上与时俱进，开拓创新，选择性地吸收外来文化精华，发展和创新自身文化，让中国特色社会主义文化以更好的姿态面向未来之机遇与挑战。

2. 文化自信，认同先行

在高校的文化育人实践中，文化认同和文化自信扮演着重要角色。无论是文化自信还是文化认同，都意味着对本民族文化所蕴含的内在精神的认可，以及对民族共同价值追求的积极实践。对于青年人来说，他们正处于思考自我价值和寻找自我归属的关键阶段，更需要外界的认可和情感归属。文化认同是通过文化的应用交流和内心体验形成的。在高校文化育人中，除了基于知识传递的基础上，还需要积极将知识传递与价值引导结合起来。文化育人活动本身也是文化应用和交流的过程。在文化育人的过程中，不仅可以积极介绍先进文化的核心理念，还可以直面外来文化的挑战，从中筛选真正有价值的内容，引导学生认同本土文化，体会自身文化的价值和优势。同时，引导青年学生在文化认同的过程中积极融入群体。通过辨别主体文化和群体文化的共同性，确认共同属性的存在，让个体在文化世界中找到归属感，产生自豪和亲切的情感体验，进而将这个群体视为自己的文化身份并追求共同的精神家园。这是文化认同的过程，也是培养文化自信的前提条件。

3. 文化自信贵在知行合一

践履既是道德修养的重要内容，又是德育的根本目的，无论何种"德育"，都要以"行"为其出发点，也要靠"行"来检验。文化自信的形成根植于文化主体意识的树立和知行合一境界。培育青年学生中国特色社会主义文化自信是一个长期的确定的实践过程，在认知自身文化的渊源、形成过程和发展脉络的基础上，文化主体如若能够自觉地践行文化包含着的规范与精神，主动担当进行正确文化选择和推动文化发展的责任，继承和发展自身文化精髓，才有可能实现文化自信的知行合一，才能够让文化自信真正在大学生群体中落地生根。

（二）培养社会主义核心价值观

立德树人是高校的立身之本，育人先育德，立德而后树人。社会主义核心价值观是当代中国精神的集中体现。党的十八大报告明确提出社会主义核心价值观的基本范畴；党的十九大报告把培养担当民族复兴大任的时代新人作为培育和践行社会主义核心价值观的着眼点；党的二十大报告强调"广泛践行社会主义核心价值观"。社会主义核心价值观成为当代中国坚定文化自信、建设文化强国的价值引领。德育的养成以文化育人为依托，文化育人与道德培养同向同行。中华优秀传统文化涵养传统文化道德，革命文化呈现英雄人物事迹，社会主义先进文化彰显时代楷模。文化的传承与滋养为大学生道德培育与养成提供了丰富的资源、鲜活的素材与向上的精神指引。高校思想政治教育要以文化育人为切口，既要传授"何以为生"的文化知识，也要重视对大学生"何而为生"的意义与价值教育。

文化育人重在育德，树立社会主义核心价值观就是立德，就是培养社会主义道德。文化是涵养社会主义核心价值观的重要源泉，中华优秀传统文化、革命文化、社会主义先进文化都是培养社会主义核心价值观的有效载体和重要组成部分。首先，文化育人离不开知识的学习，知识的传递在促使人们认知的同时，也启蒙人的心智，开启人的智慧，树立社会主义核心价值观也应该融入知识教育的过程中，在知识教育的同时不断激发大学生价值观的形成。其次，教育是利用文化滋养人的存在，启迪人的心灵，应该以先进文化蕴含的文化精神与价值观为载体，重视开展师生内在深层的精神互动与实践活动，让价值观教育更加贴近学生的生活，产生精神上的共鸣。最后，文化育人的基本目标以培育社会主义核心价值观为体现，要依据社会主义核心价值观树立青年基本的道德准则和行为规范，在此基础上才可能培育社会主义理想人格，才可能培养社会主义可靠接班人。培养时代新人，重中之重是要以坚定的理想信念筑牢精神之基，树立起共产主义远大理想和中国特色社会主义共同理想。坚持以培养担当民族复兴大任的时代新人为着眼点，发挥社会主义核心价值观对国民教育、精神文明创建、精神文化产品创作生产传播的引领作用，坚持全民行动、干部带头，从家庭做起，从娃娃抓起，才能培养更多德智体美劳全面发展的社会主义建设者和接班人。

（三）培育社会主义时代新人

党的十九大报告中，习近平总书记首次明确提出"担当民族复兴大任的时代新人"的表述，培养时代新人适应新的社会历史发展要求，在内容上更加注重人的全面发展，一经提出就引起了社会的广泛关注，并编入2018年新修订的思想政治教育理论课教材中。习近平总书记也曾多次强调社会主义时代新人所应具备的特质，特别是在全国宣传思想工作会议上，习近平总书记指出，"育新人，就是要坚持立德树人、以文化人，建设社会主义精神文明、培育和践行社会主义核心价值观，提高人民思想觉悟、道德水平、文明素养，培养能够担当民族复兴大任的时代新人"。这无疑是对培育时代新人科学内涵和具体要求的全面阐释。培养社会主义时代新人要充分发挥先进文化的育人功能，借助先进的文化思想与文化精神提高人才培养能力，这是以文化人的优势表现。

1. 坚持立德树人

培育时代新人要坚持立德树人、以文化人的方向不动摇，用文化的影响力和感染力持续激发广大青年学生积极进取的精神力量，让价值追求与理想信念在实践中不断完善和丰富，练就本领、勇于担当，以时代需求发展自我并实现人生价值，在实现人生价值的过程中努力成为担当民族复兴大任的新生力量和坚实的后备军，从而为推进中国特色社会主义伟大事业、实现中华民族伟大复兴的中国梦而努力奋斗。

2. 胸怀共产主义远大理想

立志而圣则圣矣，立志而贤则贤矣。百年前，正因胸怀共产主义崇高理想和坚定信念，一群新青年坚定举起马克思主义思想火炬，在风雨如晦的中国艰难探寻民族复兴道路。百年来，中国共产党人高举马克思主义伟大旗帜，坚持共产主义远大理想和社会主义崇高信念，筚路蓝缕、披荆斩棘带领全国各族人民迎来了从站起来、富起来到强起来的伟大飞跃。

当前，国内国外两个大局同步交织、相互激荡，世情国情社情都发生巨大变化，面对严峻复杂的国际形势和艰巨繁重的国内改革发展稳定任务，青年人要在党史学习教育中深刻认识和准确把握共产主义远大理想和中国特色社会主义共同理想的辩证关系，正确认识重大历史问题，从历史维度准确理解党的理想信念科学性、崇高性，坚持真理，坚守理想，坚决捍卫马克思主义在意识形态领域的指导地位，做到学史明志，以百年党史锻造新时代青年胸怀共产主义远大理想的志气。

3. 坚定中国式现代化道路

党的十九届六中全会审议通过的《中共中央关于党的百年奋斗重大成就和历史经验的决议》指出："党领导人民成功走出中国式现代化道路，创造了人类文明新形态，拓展了发展中国家走向现代化的途径，给世界上那些既希望加快发展又希望保持自身独立性的国家和民族提供了全新选择。"

百年来，我们党在应对各种困难挑战中锤炼了不畏强敌、不惧风险、敢于斗争、勇于胜利的风骨和品质。中国特色社会主义进入新时代，以习近平同志为核心的党中央在新的历史方位上统揽伟大斗争、伟大工程、伟大事业、伟大梦想，统筹推进"五位一体"总体布局、协调推进"四个全面"战略布局，战胜一系列重大风险挑战，在建党百年的重要时刻打赢脱贫攻坚战，实现了全面建成小康社会的第一个百年奋斗目标，中国共产党在长期艰苦奋斗中形成了伟大建党精神，铸就了中国共产党的精神之源，在最大限度凝聚起共同奋斗力量的基础上明确了实现第二个百年奋斗目标的战略安排，开启全面建设社会主义现代化国家的新征程，中国式现代化为培育堪当大任的时代新人提供了肥沃土壤。一百多年来，中国共产党历经苦难成就辉煌，书写了人间壮举，新时代青年要传承红色基因，赓续红色血脉，在中国式现代化道路的实践中磨砺意志，增长本领，做到学史明理，用百年党史锻造新时代青年坚定走中国式现代化道路的骨气。

4. 勇挑中华民族伟大复兴重任

新时代，我们党团结带领人民在中华大地上全面建成小康社会，取得了新时代中国特色社会主义伟大成就，为实现中华民族伟大复兴提供了更为完善的制度保证、更为坚实的物质基础、更为主动的精神力量。我们党领导人民创造了世所罕见的经济快速发展奇迹和社会长期稳定奇迹，为培育堪当大任的时代新人注入了巨大勇气。中国式现代化的核心主题是实现中华民族伟大复兴。一代人有一代人的使命，一代人有一代人的担当。新时代青年要在推进伟大事业征程中站稳人民立场，练就过硬本领，全面贯彻党的基本理论、基本路线、基本方略，做到学史增信，用百年党史锻造新时代青年勇挑中华民族伟大复兴重任。新时代青年人要增强党史学习教育的自觉性和主动性，牢固树立正确历史观，准确把握主题主线、主流本质，必须头脑清醒、立场鲜明地反对和抵制历史虚无主义，毫不动摇坚持党的全面领导，厚植爱党爱国爱社会主义的情感，踔厉奋发，笃行不怠，不断增强"四个意识"、坚定"四个自信"、做到"两个维护"，胸怀"国之大者"，奋力书写民族复兴的盛世华章，立身为旗，开拓创新，在中国式现代化建设征程中勇当开路先锋、争当事业闯将。

知识链接

增强文化自信的现实意义

1. 文化自信是应对世界多元文化冲突与碰撞的理性支撑

这主要体现在：文化自信是应对世界多元文化冲突与碰撞的需要；文化自信是应对强势文化的渗透和侵蚀出现新变化的需要；文化自信是应对多元文化背景下我国文化安全面临挑战和风险的需要。

2. 文化自信是提升国家文化软实力的观念前提

这主要体现在：文化自信是解决中华民族传统文化受到冷落的需要；文化自信是解决西方外来文化受到推崇的需要；文化自信是解决主流价值观和文化意识受到冲击的需要。

3. 文化自信是实现文化大发展大繁荣及中国梦的内在张力

这主要体现在：文化自信是推动社会主义文化大发展大繁荣的必然要求；文化自信是实现中华民族伟大复兴中国梦的必然要求。

思想是没有国界的，文化是相互影响的，学习中华优秀传统文化，既能增强中国人的文化自信，也能辐射"一带一路"国家的青少年，增强中国的文化软实力，为建设人类命运共同体做出新的更大贡献。

第三节　校本文化育人实践

推进红色资源教学，关系到中华民族后代的精神高度与质量，是落实社会主义核心价值观的需要，也是丰富学校育人手段的重要途径。

一、引导树立远大理想

案例

徐特立（1877—1968），原名徐懋恂，字师陶，长沙县江背镇人。无产阶级革命家、教育家，1912年创立长沙师范学校，后在省立第一师范等校任教，是毛泽东的老师。在中央革命根据地任教育部部长，"延安五老"之一。1949年后，任中央人民政府委员会委员、全国人大常委会委员等。"革命第一、工作第一、他人第一"，是老校长徐特立六十寿辰时，毛泽东在祝寿信中对他的高度评价，也是徐老光辉一生的真实写照。

1927年大革命失败后，徐特立毅然加入中国共产党，并参加了南昌起义。1928年，徐特立被派往莫斯科中山大学学习。两年后，他返回国内，进入苏区，创办列宁师范学校，开展扫盲教育。1934年，57岁的徐特立参加艰苦卓绝的二万五千里长征，到达陕北后，负责陕北的教育工作。1949年，72岁的徐特立跟随党中央进入北平（北京），接手全国文化教育工作。虽步入古稀之年，但"老骥伏枥，志在千里"，他为自己制订了一个继续学习工作20年的计划，每天工作时长均在8小时以上。1968年11月28日，徐特立与世长辞，享年91岁。党中央称徐特立的一生是"光荣的一生，革命的一生，伟大的一生"。

理想信念是指引人们努力奋斗的旗帜，是照亮前进方向的灯塔。徐特立曾经说过："一个人有了远大的理想，就是在最艰苦的时候，也会感到幸福。"党的十九大报告指出，要广泛开展理想信念教育，深化中国特色社会主义和中国梦宣传教育，弘扬民族精神和时代精神，加强爱国主义、集体主义、社会主义教育，引导人们树立正确的历史观、民族观、国家观、文化观。教育要帮助学生树立远大理想，因为青年的理想信念关乎国家未来，青年有了远大而坚定的理想信念，中华民族才能有源源不断的生机与活力。理想信念教育从来都不应该是假大空的，它应该是踏实、具体、润物细无声的。当下的理想信念教育或多或少存在着照本宣科、空洞说教、脱离实际等问题，通过学习红色资源，则可以寓教于乐、寓教于学。徐老的一生是"革命的一生"。为了探索救国救民的道路，他断指血书，激励青年爱国之志；他危时入党，决心"不避一切的牺牲，把自己的一切贡献给党"；他参加长征，是最年长的红军战士……他的革命经历，展现出共产党人坚定不移的革命信念、坚忍不拔的革命意志、乐观积极的革命精神。习近平总书记在2017年考察中国政法大学时提到，当今中国最鲜明的时代主题，就是实现"两个一百年"奋斗目标、实现中华民族伟大复兴的中国梦。当代青年要树立与这个时代主题同心同向的理想信念，勇于担当这个时代赋予的历史责任，励志勤学、刻苦磨炼，在激情奋斗中绽放青春光芒、健康成长进步。中华民族坚定的理想信念、中国共产党远大的信仰抱负从来不会随着时间褪色，反而历久弥新，因此新时代的青少年要不忘历史，铭记革命前辈，牢固树立共同理想，为新时代中国特色社会主义的建设添砖加瓦，成为堪当民族复兴重任的时代新人。

二、培养爱国主义精神

爱国，是一种坚定的民族精神，更是一种振兴中华的责任感。中国特色社会主义进入了新时代，加强青少年的爱国主义教育对于实现中华民族伟大复兴的中国梦具有十分重大的意义。青少年是国家和民族的未来及希望，培养和激发学生对祖国的认同感和使命感是新时代教育不可或缺的重要内容。爱国主义教育不应该是流于表面、喊口号式的，而应该是内化于心、外化于行的，爱国主义教育需要激发受教育者的情感共鸣，使受教育者从心底为祖国感到骄傲和自豪，要能够和祖国同呼吸、共命运，与祖国建立起深厚的情感纽带。党的十八大以来，习近平总书记多次强调"要重视加强学校思想政治教育，把爱国主义精神贯穿各级各类学校教育全过程，把爱我中华的种子埋入每个青少年的心灵深处。要培育和践行社会主义核心价值观，不断增强各族群众对伟大祖国、中华民族、中华文化、中国共产党、中国特色社会主义的认同"。爱国，是一个人最根本的精神品格之一。

从旧民主主义革命到新民主主义革命，从抗日战争到解放战争，徐特立始终心怀大义、敢为人先——为呼吁国会立宪，他断指沥血；为求教育兴国，他不惑之年仍赴欧勤工俭学；为救国救民于水火，他不惧白色恐怖，年过半百毅然入党；南昌起义、红军长征、抗日战争、延安大生产……他亲身经历了党领导下的革命战争和建设发展，将教书育人、救国救民的理想融入为党和国家终生奋斗的伟大实践。

徐特立是一位理想信仰崇高的革命家，他出生于封建社会末期，一心探索救国救民的道路。他的一生，是孜孜以求、挽救民族危亡的一生，也是精忠爱国的一生。其精忠无我的爱国精神对今天爱国主义教育工作的开展仍发挥着巨大的作用。徐特立有强烈的家国情怀，勇于突破个人情感唤醒民族意识。1909年清政府向外国屈辱妥协的教案频发，徐特立在长沙修业学校做时事报告,讲到激愤之处,当众断指,蘸血书写"请开国会,断指送行"八个字,为赴京请愿的湖南代表送行,激励青年学生反帝爱国,这是他自身激昂情绪的表达方式。正如他所说,"在国家民族的生死关头,要有知也要有勇,没有勇则知与仁均无力"。强烈的家国情怀孕育出果决的行动。正是他的勇敢行为,振奋了广大爱国人士的精神,也给青年时期的毛泽东带来了何为革命的初步感性认识。

徐特立说:"人民不仅有权爱国,而且爱国是个义务,是一种光荣。"而维护祖国领土完整和民族独立的强烈情感是徐特立爱国精神的重要体现。他说:"我们的祖国,是自古以来我们的祖宗及其子子孙孙生于斯死于斯的地方……我们这块领土丢不得,丢掉了,我们就无所逃于天地之间。我们的领土和各个民族的人民分离不得,分离了,就得被敌人各个击破,我们的主权就会失掉,我们主人翁的资格就会失掉。"这份家国情怀自然而浓烈。

红色资源一直是我国爱国主义教育的重要组成部分,通过了解中国艰苦奋斗的革命历程、伟大革命前辈的牺牲奉献,能够塑造学生正确的世界观、人生观、价值观,激发学生的爱国之情。红色资源教学融思想教育于学科教学之中,能充分发挥学校课程的育人功能,对学生的价值观和爱国精神的确立发挥着不可替代的激励作用。

三、发扬终身治学精神

徐特立不仅仅是我国杰出的革命家、教育家,更是一位通晓古今、博学多识的优秀学者。徐特立对于治学态度及精神的总结,凝聚着他个人求学、治学的智慧,对当前时代仍然有举足轻重的影响。

开放包容、革故鼎新的治学态度,是徐特立一生中始终不断推行的,也是在当今飞速发展的时代保持与时俱进、持续发展的重要法则。徐特立曾以毛泽东提出的"古今中外法"作为施行标杆,意在古代的、现在的、外国的、中国的都要采纳学习,融合发展。但这并不是"眉毛胡子一把抓"的学习态度,而是要用辩证的观点批判地接受。他反对生搬硬套,认为对于过去的著述、历史的学术遗产,都应该结合当下时代背景,批评地加以重新审视,这样才能从中不断挖掘新的思想,对于社会发展有益的思想。徐特立一生勤勉刻苦,专心治学。自幼时起,他便展现出刻苦勤勉的学习态度；直到耄耋之年，仍坚持树立学习计划，真正做到了"活到老，学到老"。徐特立治学始终以"定量""有恒"为原则，他认为树立长远的读书目标至关重要。他认为，学习应带有事业和职业的目标，而不是为学习而学习和无计划乱抓地学习。学习"要有方法和立场"，树立目标时也要有所专长，不应做杂家。虽然提倡无书不读，但是要确立自身学习的计划和目标，懂得深入和研究。从有目标和计划，到将长远的目标拆解开来，再到持之以恒地坚持下去。"每个人要有一个算盘，打算一天读多少？一年读多少？一生读多少？要有个计划。哪怕一天学一点，只要不间断，就能得到知识。问题就是要坚持，要持之以恒。这个'恒'字对学习尤为重要。"

徐特立在治学过程中积累了许多行之有效的读书学习方法，并始终坚持，终身奉行。在徐特立看来，不怕书看得少，只怕囫囵吞枣不消化。他教育学生，读书要注意消化，要标记书中的要点，在书眉上写下心得体会和意见，还要摘抄自己认为精彩的地方。这一读书方法深深影响着徐特立的学生——以毛泽东为代表的一批伟人。徐特立十分重视抄读书籍的方法，并非无理解地机械性抄，而是分清重点、难点，并将抄读与理解、分析相结合。他认为抄书过程中眼、心、手俱到，对记忆大有好处。据统计，徐特立一生藏书两万册以上，对古今中外的哲学、政治、经济、教育、历史、语言文字等领域都有深入研究，其中做过读书眉批和圈阅记号的图书有1500余册。

在当今互联网时代，海量信息不断涌现，如何在纷繁复杂的社会中保持初心、规划个人发展成为人们面临的挑战。尽管时代发生了变化，但徐特立一生所彰显的勤奋学习和坚守治学精神仍然具有重要的现实意义，值得我们学习和效仿。新时代的青年应当具备明辨是非和兼收并蓄的治学思维。面对不断涌现的新知识、新学科、新观点和新主张，我们要明确自己的定位，培养专长，树立良好的治学思维和远大的目标视野。要想拥有远见卓识，重要的前提是广泛阅读和涉猎群书。只有广博的知识渊源，我们才能培养出鉴别和批判的眼光，从更全面的角度看待问题。青年学子应当养成这种阅读和学习的习惯，继承良好的家国情怀，勤奋踏实地学习。继承徐特立终身勤奋的治学精神，不断提升学习能力和个人素养，顺应时代发展的潮流，是今天每个公民所应具备的品质，尤其是新时代大学生们追求真知识、掌握真本领、共同实现中国梦的宝贵财富。

四、传承革命精神品质

中国共产党在近百年的奋斗历程中，不断克服艰难险阻，夺取一个又一个的胜利，彰显了共产党人奋发图强、不怕苦难、无畏牺牲的革命精神。中国共产党的伟大革命精神是我们党的经验总结和宝贵财富，激励着一代又一代的中华儿女投身到建设中国特色社会主义事业的伟大实践之中，中国共产党一直十分注重革命精神的继承和总结，把革命精神建设放在十分重要的位置。

徐老的一生也是勤苦工作的一生。在91年光辉生命里，他公而忘私、国而忘家，一心走教育救国之路，进而为革命办教育。他坚持"工作第一"，展现出共产党人实事求是的工作作风、兢兢业业的敬业精神、忘我工作的奉献品格。徐老还是一个心中只有别人而无自己，一事当前先替别人打算，把困难留给自己、把方便送给别人的人。无论对待朋友、同事、下属，乃至一切革命同志，甚至普通群众，他都始终坚持"他人第一"，而且"心里想的，就是口里说的、手里做的"，展现出共产党人关爱他人的感人情怀、先人后己的高尚风范、舍己利人的牺牲精神。

站在新的历史起点上，新时代的教育更是要高度重视革命精神的继承与发展，建设好青年学生的精神家园，以热爱祖国的革命信念、艰苦奋斗的革命品质、实事求是的革命态度武装头脑，为实现中华民族伟大复兴的中国梦而不断奋斗。

思政园地 ----------------------------------➤

红色资源是我们党艰辛而辉煌奋斗历程的见证，是最宝贵的精神财富。红色血脉是中国共产党政治本色的集中体现，是新时代中国共产党人的精神力量源泉。回望过往历程，眺望前方征途，我们必须始终赓续红色血脉，用党的奋斗历程和伟大成就鼓舞斗志、指引方向，用党的光荣传统和优良作风坚定信念、凝聚力量，用党的历史经验和实践创造启迪智慧、砥砺品格，继往开来，开拓前进，把革命先烈流血牺牲打下的红色江山守护好、建设好，努力创造不负革命先辈期望、无愧于历史和人民的新业绩。

——2021年6月25日，习近平在主持十九届中央政治局第三十一次集体学习时的讲话

第 三 章

新时代高校思想政治教育的校本红色资源传承

参加新的斗争，就要有新的知识，要是不学习，思想一停滞，人就真的老了，只要不断学习，就永远不会衰老。

——徐特立

学习目标

◆**知识目标**

熟悉红色课程资源的内涵与特征。

了解红色课程资源的开发原则与价值。

◆**能力目标**

掌握红色资源融入高校的传播媒介。

能够参与红色资源融入高校校园文化建设实践活动。

◆**素质目标**

提高沟通能力，培养合作意识，学习红色文化，领悟红色文化精神，做新时代红色资源的传承人。

案例导入

长沙师范学院：2900 余名新生齐上红色育人思政课

"这是中国国家博物馆珍藏的一份中国共产党入党誓词，也是我党现存的最早的誓词，这是谁写下的誓词？又如何能被珍藏在国家博物馆？……"

2023 年 10 月 8 日，长沙师范学院在该校北校区田汉剧院开展"讲好长师故事　齐上红色育人思政课"活动。该校 5 名一线教师围绕长师发展历程中的动人故事，为 2900 余名 2023 级新生讲述跨越百年的红色文化育人大思政课（见图 3-1）。

图 3-1　红色育人思政课现场

"厚本吾儿：十一月二十五日你的来信收到了，你去苏联后只接到你的信两次，又不知道你的住址，很难写信给你。你的母亲和我都将近八十岁，你的女儿已十八岁，你的妻还望你归家……"课上，该校学生工作部副部长杜乐讲述了徐特立老校长《给天堂儿子的回信》的动人故事；经济管理学院辅导员张琦以"跨越百年风华歌颂青春梦想"为题讲述了青年人的辉煌成就；外国语学院辅导员卢阳倩分享了她与"特立火种队"的故事，呼吁同学们到基层一线去、到祖国最需要的地方去；学前教育学院辅导员沈一丁以"屋檐下的忠诚"为题分享了贺页朵入党誓词的感人故事；信息科学与工程学院辅导员杜谊讲述了该校优秀校友、中国装甲兵之父、"共产党人的明镜"——许光达大将的故事，鼓励同学们"让易事、争难事，让利益、争奉献，让荣誉、争一流"。

"讲好长师故事，齐上红色育人思政课"活动是长沙师范学院"五齐"教育实践的重要一环。长师故事蕴含了长师人的初心使命、展现了长师人的奋斗精神、彰显了长师人的优良作风。这场别开生面的新生入学教育旨在勉励广大青年学生传承红色基因，赓续红色血脉，在讲述和聆听故事的过程中感悟真理、厚植情怀、坚定信仰、增强力量，激励大家继续传播好、讲述好长师故事，让红色基因在传承赓续中绽放新的时代光芒。

第一节　校本红色资源融入高校课程思政分析

红色课程资源是中国课程改革特有的文化底片。利用好红色资源这一课程资源，能够让我国课程建设永葆活力，推进课程改革由自发走向自觉，逐步迈向自信。

一、红色课程资源的内涵与特征

（一）红色课程资源的内涵

红色课程资源属于社会课程资源的一种类型。它与其他课程资源一样，其本质都是为实现特定课程目标、组织和评价教育教学活动而提供要素来源。不同于自然课程资源，红色课程资源具有"人工性"和"自觉性"的特质。通过不同的开发和利用形式，它能够产生特定的课程服务效能。

案例

弘扬五四精神　勇担时代使命

"我是长沙师范学院特立班学生，我庄严宣誓：赓续红色基因，弘扬'三个第一'特立精神，对标'四有'好老师标准，做'经师''人师'合一的'大先生'……"2023 年 5 月 4 日，长沙师范学院"特立班"学生在"五四"表彰大会上又一次郑重宣誓，立志献身教育事业，坚守师范教育阵地，扎根乡村学前教育，培育堪当民族复兴大任的时代新人（图 3 - 2）。

图 3 - 2　特立班学生代表集体宣誓

在纪念五四运动104周年之际，长沙师范学院在北校区田汉剧院举行"奋进新征程·建功新时代"五四表彰大会，号召全校广大青年师生不忘初心、不负韶华，勇于担当、勇毅前行，继续在青春的赛道上奋力奔跑，争做走在时代前列的奋进者和开拓者。大会采取线上线下同步直播的形式进行。

长师是一所红色师范学府，百余年来始终坚定沿着中国共产党指引的方向勇毅前行。在革命战争时期，"长师青年"抛头颅、洒热血，书写了惊天地、泣鬼神的壮烈诗篇；以田汉、许光达、刘英、廖沫沙等为杰出代表的"长师青年"矢志报国、追求真理，书写了"我以我血荐轩辕"的青春华章。长师人忠诚党的教育事业、铭记老校长徐特立"认真搞好幼儿教育是共产主义事业中最光荣的任务"的殷殷嘱托，20余万名毕业生扎根基层、乐于奉献，湖南82%的省市县示范性幼儿园园长和骨干教师是长师校友；一大批师生把个人梦想融入国家梦想、把个人奋斗融入时代洪流，书写了以青春担当展现青春价值、青春风采的壮丽篇章。

广大长师青年要弘扬五四精神，坚定理想信念，勇担时代使命；要坚持向杰出校友学习，在学思践悟中坚定理想信念，在奋发有为中践行初心使命，让青春在不懈奋斗中绽放绚丽之花；要锤炼品德修为，涵养家国情怀，把稳思想之舵，以奋斗为底色，以担当为使命，以奉献为己任；要赓续红色基因，坚持终身学习，练就过硬本领，以徐特立老校长和田汉等杰出校友为榜样，与时俱进、勤学苦练，大力弘扬"经师人师合一"的教风和"学问思辨行"的学风，不断提升自我、完善自我、充实自我、超越自我；要珍惜韶华，不负青春，锤炼本领、止于至善，争做堪当民族复兴重任的时代新人。

实际上，红色课程资源是为了更好地联系和组织教育教学活动，以实现当前课程培养目标而探索的资源。它涵盖了一切可能作为红色精神成分和物质要素进入课程中的要素。这一课程资源类型按载体形式可分为有形的和无形的两类；按时空分布不同，可分为校内和校外的红色课程资源类型；按功能特点，也可分为素材性和条件性红色课程资源两种类型。不过，随着教育技术的快速发展，这种二分的资源类型界限正在不断被打破，其资源内部的转化与调动的可能性增强，为此，按照课程资源的开发和运用难度，在不弱化资源整合与拓展潜力的基础上，将红色课程资源划分为显性、潜在和待造三类。

1. 显性的红色课程资源

显性的红色课程资源主要指的是在国家或地方课程标准中明确规定，可以直接选择作为教学活动，且被广泛应用于教材和教学指导等材料中的资源类型。在语文课程的教材和教学指导用书中，可以见到具有红色文化内涵的作品，例如语文课程中《红岩》等红色文化作品中有关新民主主义革命中革命先烈的英勇事迹等描述。而在思想政治课程和历史课程中，也可以看到相关红色文化历史的教材和教学指导用书等。这些显性的红色课程资源可以被视为增强学生红色文化素养的有效路径，通过直接应用于教学活动来增强学生对红色文化内涵的理解和接受。这些资源的广泛运用可以促进学生对国家历史、红色文化的了解，使学生能够更深入地了解中国的历史和精神文化。

2. 潜在的红色课程资源

潜在的红色课程资源是指已经存在，但往往被师生习以为常、不予重视的材料和活动。这些资源的开发需要学校师生有鉴赏力，将其纳入教学活动的规划与实施中，使其成为生动、灵活的课程资源。举例来说，学校图书馆、实验室、专用教室等教学设施，以及博物馆、展览馆、科技馆、农村、部队和科研院所等学校实践基地，都是潜在的待开发的红色课程资源。这些资源在教学过程中常常被忽视，但它们潜藏着丰富的红色文化内涵和教育意义。通过开发利用这些资源，学校可以为学生提供更具体、更实践、更感性的学习机会。

3. 待造的红色课程资源

待造的红色文化资源在开发与利用上需要充分发挥学校师生的主观能动性。一方面，从不同时空层面、不同学科范畴展开对红色文化的解读，通过资源的互鉴与统整，以校本课程、综合实践活动、社团活动、社会实践等形式，让有形的红色文化载体样态在时空上得到延展。另一方面，学校师生可利用信息技术和媒介整合手段，将红色课程资源的表现方式由客观实物向数字化转变。通过这种方式，单一的静态载体可以与动态的视听相结合，在线上线下相结合的课程资源中生成更具有创意和趣味性的红色资源。

（二）红色课程资源的基本特征

1. 精神性与物质性的统一

红色课程资源涵盖了精神性和物质性两个层面。精神性层面指中国共产党领导中国人民在革命实践中所铸就的一系列红色精神，这些精神是红色课程资源的重要组成部分。具体来说，包括新民主主义革命中形成的红船精神、井冈山精神、延安精神和抗战精神，社会主义革命和建设实践中形成的大庆精神、雷锋精神、"两弹一星"精神，以及改革开放实践中形成的抗洪精神、北京奥运精神、载人航天精神、抗震救灾精神等。这些红色精神可以为课程教育提供重要的民族品格、意识、信仰和价值取向的引领。当然，文化精神也离不开特定的物质载体。比如中国共产党领袖、革命先驱、模范人物、英雄烈士的故居，具有历史意义的革命遗址，革命文物和文学作品等，都是支撑红色文化精神理解、传承和发展的有效媒介。课程活动应密切结合这两类红色课程资源的表现形式，充分发挥它们的作用，提高对学习者的吸引力和感染力。

2. 革命性与民族性的统一

红色在中国文化中象征着革命，也代表着中华民族的底色。红色课程资源形成的根源来自丰富的革命实践，因此具有革命的性质。从鸦片战争开始，中国共产党作为工人阶级和中华民族的先锋队，登上了中华民族实现伟大复兴的历史舞台。在推翻帝国主义、封建主义和官僚资本主义这三座大山，取得新民主主义革命的胜利和解放的进程中，革命根据地的建立和发展、革命道路的探索和实践，以及革命先辈们付出的鲜血和生命，都为红色课程资源注入了浓厚的革命精神。这些具有革命性特征的优秀文化经过实践和真理检验的过程，逐渐融入了中华民族的内核，成为中华民族与其他民族不同的独特品格。红色文化中的红船精神，开天辟地、敢为人先；长征精神，不怕困难、不怕牺牲；延安精神，自力更生、艰苦奋斗，都源自勤劳勇敢、自强不息的传统民族精神，并赋予了时代的内涵。因此，在开发和利用红色课程资源时，需要注意它们之间的内在联系和微妙差别，以协调统一二者，帮助学习者理解学习活动及其背后的深层含义。

3. 整体性与区域性的统一

红色课程资源不仅代表了国家整体发展的图景，也承载着具有区域特色的动态篇章。马克思列宁主义、毛泽东思想、邓小平理论等体现国家整体性的红色文化资源是长期革命斗争和现代化建设中形成的国家课程思想宝库，关系到个人和国家的发展、安全与稳定。制定课程的人和实践者只有坚守初心，从中汲取强大的信仰力量，才能培养共产主义远大理想和中国特色社会主义共同理想的坚定信仰者和忠实实践者。此外，由于地理条件与群众基础的差异，各个地域也建构了极为宝贵的区域性红色课程资源遗存。这些资源与学习者在认知偏好上更为契合。就特立精神而言，让红色文化的历史感、庄重感和敬畏感滋养学生，将区域的红色基因映照在学生学习与成长的道路上。

4. 原生性与衍生性的统一

红色课程资源是中华民族独特的历史文化底蕴和精神内涵的体现，它所蕴含的开放、包容和持续发展的理念，是一个有机整体。红色课程资源源于中国，反映了中国和平崛起的过程，以及中华民族实现伟大复兴的生动历史。它是我们党同人民群众在反对帝国主义压迫，主张中华民族尊严和独立的革命历程中，所形成的爱国情怀、奋斗精神以及对美好理想不懈追求的表现。这主要体现在两个方面。一是精神层面突显时代特性。红色文化资源精神样态的内容也向社会建设和民生发展方向拓展，更加凸显人民至上的价值立场和人民对美好生活追求的奋斗目标，更加注重满足人民群众日益增长的精神文化需要。二是在开发与利用上，其表征形式也在不断演变。传统以教科书为载体的静态红色课程资源形式也正在向网络、虚拟、AI沉浸式体验等信息化形式转型。

红色课程资源虽然类型众多，载体各异，但在开发过程中需要遵循特定的原则，科学严谨地进行路径规划，才能发挥其强有力的功效。

二、红色课程资源的开发原则与价值

（一）红色课程资源的开发原则

红色课程资源开发需要遵循目的性、特色性、开放性和高效性四项基本原则。

1. 目的性原则

任何课程资源的开发皆是为了有效达成特定课程目标。红色课程资源开发首先应匹配课程目标定位，调节自身性质与功能，确保开发的有效性和针对性。例如在指向政治认同素养培育的思想政治课程设计中，红色资源在开发过程中既要维持其本身的政治性与严肃性，又要结合当前学生的社会生活状态及精神需求，以可读性强、内容饱满、情节丰富的载体形式，将严肃、宏大、抽象的红色理论、价值主旨转译为具象化的形象或生动故事，提高学生政治思想觉悟的自觉性。课程资源的开发与利用必须在明确课程目标的前提下，首先认识和掌握课程思政的性质和特点，再认真分析课程资源与课程目标的适配性，这样才能保证开发与利用的针对性及有效性。如长沙师范学院的语言翻译团队，用英语翻译徐特立名篇、名言，以便更大范围传播徐特立革命精神和教育思想。

2. 特色性原则

特色性原则是红色课程资源永葆活力的前提。遵循这一原则可以避免资源在开发与利用时流于机械主义与形式主义。要践行特色性原则，一是要因地制宜，挖掘具有地域原色和原味的红色文化历史积淀。在开发红色课程资源时，应充分发挥地域优势，打造能够体现特色的红色文化资源，激起学生的学习兴趣，培养家国情怀，勇担复兴使命。二是结合学校自身的校园文化，进行红色文化资源的特色开发。例如长沙师范学院非常重视对"特立精神"资源的发掘和利用，设立了徐特立纪念馆，树立了徐特立铜像，办有《徐特立研究》杂志，与湖南省教育科学研究院共建湖南省教育科学徐特立教育思想研究基地，挂靠有湖南省徐特立教育思想研究会，发起成立了湖南省徐特立教育基金会，编辑出版了《怀念徐特立同志》《徐特立文集》《徐特立的基础教育思想研究》等十多本书籍，成为全国最重要的徐特立研究资料中心、信息中心以及徐特立教育思想实践基地。

3. 开放性原则

开放性原则是红色资源开发的关键，这意味着在开发红色课程资源时应始终保持开放的态度，使其拥有不断创新、与时俱进的品质，焕发持久活力，保持永久的吸引力。在挖掘红色课程资源的育人价值时，我们应当秉持更加健全、完整的世界观，不局限于自身的文化视野，也要用开放的心态借鉴民族文化遗产，积极应用中国新民主主义革命以来中国共产党领导中国人民奋斗而成的红色文化成果，尽可能地开发和利用有益于教育教学活动的资源因素。红色课程资源既可以是有形实体，也可以是无形的精神指南。它可以在校内或校外、全国或地方特色、历史或现代等方面具有各自不同的时空分布和分类方式。但无论如何分类，只要能提高教育教学质量，服务于课程育人目标，教师们都应以开放的态度对待它们。教师们不应该局限于教材中显性的红色课程资源，而应该在保证基本显性红色课程资源的基础上，重点开发潜在的资源和待挖掘的资源，探索不同资源的有效整合，以满足新时代学习者的学习特性。

4. 高效性原则

高效性原则是指保证红色资源在内容传递上的时效性，内容形式呈现的新颖性及操作过程、精力、资金投入等方面的高效性，以达成课程的最大效益。学校应充分利用信息技术进行资源的开发与协调，加快推动与校外红色文化纪念馆、革命根据地等机构合作，让传统单一模态、平面化的红色课程资源在信息技术的加持下，依靠"两微一端"、网课、慕课等新媒体方式，以更具趣味性和灵活性的方式融于课程育人过程之中，避免红色课程资源因距离学生的生活情境遥远而晦涩难懂的情况，实现内容传递的时效性。学校应建立红色课程资源管理数据库或管理制度，将红色课程资源类型、开发状态、实施情况等分类存档，以便于调用、更新和补充，确保操作过程和精力投入的高效性。

（二）红色课程资源的开发意义

知识链接

新时代青年学生思想政治问题和心理危机探究

习近平总书记高度重视青年工作，亲切关怀青年的成长成才，在不同时间、不同场合对青年发展提出了希望和要求，对青年工作作出了重要指示和批示，深刻回答了"培养什么人、怎样培养人、为谁培养人"等新时代重大问题。

1. 大学生思想政治问题诱因分析

（1）市场经济的负面影响

社会主义市场经济对于当代大学生的价值道德观念既有积极的影响，也有消极的影响。一方面，它增强了学生的自立意识、竞争意识、效率意识、民主法治意识和开拓创新意识，激发和调动了学生的积极性和创造性，推动了社会的道德进步。另一方面，在社会主义市场经济的条件下，市场经济仍然奉行的是物质利益原则和等价交换原则，市场自身也存在着弱点和某些消极的因素，如自发性、盲目性、滞后性、趋利性等，也会反映到道德生活中来，因而使得部分大学生的思想道德生活中出现了一些失范现象，如个人见利忘义、损公肥私、不讲信用，甚至是坑蒙拐骗，这些现象直接或间接地影响大学生的人生价值取向。

（2）大学生思想政治教育内容僵化，方法创新不足，没有与时俱进

由于受市场经济的影响，一些高校偏重视经济效益，思想政治教育投入不足，忽视对大学生的思想政治教育工作，加上高校思想政治理论课教材使用出现多元化，教材内容编写失范，因而未能对大学生进行比较系统的世界观、人生观、价值观教育，也未进行系统的法治教育、道德教育、理想信念教育、正确恋爱观教育、文明健康网络教育、心理健康教育等，使思想政治教育的内容不够系统、全面和规范，这是产生大学生思想问题的一个重要因素。

另外，目前部分高校对大学生进行思想政治教育的形式方法还比较单调，针对性不强，教育手段落后，教育力度不够，教育方法创新不足，未能及时有效地引导大学生解决思想问题，这也是产生大学生思想问题的重要原因。

（3）大学生自身未能重视正确思想与行为的养成

当代大学生就其生理而言已处于高峰期，但其心理波动幅度较大，仍然处于向成熟期过渡的时段，因而其思想和行为尚不够稳定或定型，容易受到外界思潮的影响。加之不少大学生为独生子女，其家庭环境优越，从未经受过艰苦生活的磨炼，容易形成自私自大、好逸恶劳的心理。由于有的大学生未能重视其自身存在的这些缺点，不注重思想政治理论的学习，

不重视对正确思想和行为的养成，容易在思想、行为习惯上造成偏差，有的甚至发展到违法犯罪，最后滑入犯罪的深渊。

2. 大学生心理危机的具体表现

不同的原因会造成不同的心理危机。大学生心理危机主要包括自杀危机和成瘾性危机两种。

（1）自杀危机

自杀是个体有意识地采取各种手段自愿结束自己生命的异常行为。自杀问题已经引起了社会的广泛关注。引起自杀的原因是复杂的，多种因素的共同作用促使了自杀行为的发生。在心理治疗和危机干预工作中，经常遇到有自杀想法的干预对象。

（2）成瘾性危机

成瘾是伴随着人类的社会文明史产生的一种现象。它逐渐蔓延发展，至今已经成为影响人类心身健康的全球性问题。成瘾主要分为两大类，包括物质成瘾和精神成瘾。在这两大类下面又具体分为很多小类，如酒瘾、烟瘾、药物滥用、性变态、冲动控制障碍、网络成瘾、电子游戏成瘾等。成瘾的出现是随着社会发展而发展的，可以说它是与时俱进的。社会的进步必然造成新的生活方式的出现，许多大学生对这种新出现的物质或者是生活方式没有良好的控制能力就会出现成瘾的状态，如手机瘾等。

成瘾有广义和狭义之分。广义的成瘾是指各种迷恋和依赖，即指"由于反复使用某种致瘾源或反复刺激中枢神经，在一定的人格基础和外界条件下所引起的一种周期性或慢性中毒状态以及发生的特有的嗜好和形成的难以舍弃的习性"。狭义的成瘾则主要是指"对某一种物质或者行为依赖过强而影响到正常的心理、生理活动，给个体带来痛苦和后果的成瘾行为"。

3. 大学生心理危机的自我预防与应对

（1）学习心理健康知识，培养良好的心理素质

在面对危机事件的时候，一个人的心理素质和面对问题的主观态度起到关键作用，因此，在日常生活中可以通过积极学习心理健康知识，训练与培养自己各项能力，如适应能力、自理能力、人际交往能力、解决问题能力等来提高自身的心理适应力、承受力、耐受力。多参加社会公益活动，在给予中体验自我价值，会让自己的心灵变得更宽广、更平和。

（2）寻求学校心理辅导老师的帮助

在我国，大多数高校都设有向大学生免费开放的心理咨询机构，同学们在遇到诸如学习、交友、恋爱、疾病及生活中的重大事件等引起的心理危机时，可以向这些机构寻求帮助，倾诉自己的苦闷，解除忧郁、焦虑等负面情绪困扰。

（3）向社会危机干预机构求助

一些城市建立了危机干预或者自杀预防中心，设立了生命热线，当大学生觉得承受的心理压力超出了自己应对压力的能力的时候，可以向这些机构求助。

红色课程资源的开发需要从教师专业成长、课程内容规划与实施、课程评价等方面同时发力。红色课程资源的有效开发将直接助力于学校思政课程体系的完善，逐步将推行"五育"并举落到实处。

1. 为教师提升课程开发与课程实施能力提供契机

为了确保红色课程资源的充足性，教师不仅要将现成的显性红色文化资源进行运用、加工、整理，更需要提升对潜在和待造的课程资源的捕捉、理解，将其纳入自身知识体系，实现资源的动态生成与再造。这为提升教师思政课程开发能力和思政课程实施能力提供了契机。在思考如何利用红色课程资源时，教师需要与同事、学生以及校外的红色文化相关机构开展对话与合作，对自己所负责的思政课程目标、评价方式、内容规划以及采用的教学策略这一系列内容形成清晰认知和合理规划，这对教师育人具有重要的现实意义。此外，教师作为学校的活力因子，教师的蓬勃朝气与活力也将激发学校的创新活力，以红色文化为锚点打造学校特色的思政课程文化品牌，也不失为推进学校新一轮发展的良策。如长沙师范学院推出《坚强的老战士徐特立画传》《国歌嘹亮田汉画传》等著作，打造一批红色校本宣讲"金课"，校园艺术创编团队创作大型诗歌《田汉之歌》、微视频《国歌诞生记》《光达从军记》等，推出一批红色文物微视频故事。

2. 建立以红色课程资源为线索的整合课程体

在目前德育低迷的状态下，学校可以借助红色课程资源，对课程组织内容进行整合，使学校各类型课程资源间构建协同育人机制，形成育人合力。传统的课程设置方式往往重视以红色资源为课程的价值引领作用，侧重将其以单一思想政治课程的方式传递给学生。但这一举措容易将红色资源置于课程建设的边缘。实际上，红色资源作为一项兼具多元价值性的课程资源，可以作为课程整合的有力抓手，让课程内容有效融合起来。红色课程资源作为价值意义引领，可以有侧重地统筹各学科课程内部知识，使其围绕某一价值意义问题，开展学科探究。例如长沙师范学院学生开展"学徐师徐"的课外活动和社会实践，"特立学生党支部"示范带头，在课程学习和课外服务中发挥出先锋模范作用，形成了良好的校园学习氛围；"特立青年"讲师团积极宣讲徐特立的故事；"特立青年"志愿服务队积极开展扶贫社会实践活动；马克思主义学院开启"行走的思政课堂"，奔赴红色纪念地，追寻先辈足迹，感悟初心使命。这一系列的实践教育，皆是基于学生个体的生活与社会发展需要，走出技能、知识传授与价值、思想引领分离的现状，以综合实践活动或校本课程的方式，形成课程整合的育人合力。

3. 践行中华民族伟大复兴实践者的文化自觉

开发红色资源是推进学生践行文化自觉的关键一环。从民族性与时代性出发，利用好红色资源这一民族精神的活橱窗、活标本和活榜样，不仅能引导学生形成正确的政治认知，强化民族文化认同，更能激励学生自觉践行维护和发展本民族文化。红色资源与中华民族文化一脉相承，是加强学生文化自觉意识的天然教材。学校开展"红色教育"学习，开展"红色精神"的概括与提炼、归纳与演绎、实践与研究活动，从校园文化着手，打造民族文化的小型"精神场"和"文化园"，让学生在耳濡目染之中以红色革命先辈为榜样和行为标杆，塑造崇高的理想信念，坚定的政治立场、崇高的价值追求和优良的思想作风，在将来走向社会时，学生也能够自觉担当起为国为民的文化使命。

三、校本红色资源融入高校思政课分析

作为新时代中国特色社会主义文化谱系的重要组成部分，红色资源是高校思想政治理论课的重要内容，长期发挥着不可替代的育人作用。而红色文化、红色故事承载着中国共产党人的精神内核，展现了中国共产党人的理想信念、道德风范、责任担当和人格魅力，能发挥红色资源的价值引

领作用。高校教师在专业课上讲好红色故事，有利于发挥红色资源教育人、激励人、塑造人的"大学校"作用，也是教师贯彻落实立德树人根本任务，把思想政治教育贯穿教育教学全过程、实现"三全育人"的必然要求。"讲好中国故事"是推动高校思想政治理论课教学改革、创新高校立德树人工作的重要方法，培养大学生"讲好中国故事"，在讲故事的历练中提升做事情的能力也是时代赋予高校培育大学生成才的新思路。因此，讲好红色故事，对大学生开展红色资源教育，不仅是高校思想政治理论课教师，也是专业课教师落实立德树人的责任与担当。专业课教师应自觉把红色基因植根于各课程教学中，与思想政治理论课同向同行、同频共振，以发挥课堂教学的"主渠道"作用。

（一）红色资源融入高校思政课教学的价值

1. 文化价值——坚定学生文化自信，凝聚高校文化之魂

"文化自信是最基础、最广泛、最深厚的自信。"红色资源是增强文化认同和情感认同的"营养剂"。传承红色资源，弘扬红色文化是一种教育过程，是将人类已经发展起来的先进文化成果转化为个体内在本质力量、促进人的精神生活全面发展的过程。将红色资源融入高校思政课教学，提高大学生思想认识水平，为大学生提供丰富的精神食粮，让红色资源成为大学生思想之魂、精神支柱，进而凝聚起高校文化之魂。

2. 道德价值——筑牢学生理想信念，补足学生精神之"钙"

习近平总书记强调，理想信念不坚定，精神上就会"缺钙"，就会得"软骨病"。红色资源再现了中国共产党在革命历程中的精神风貌，利用红色资源的政治价值和文化价值，把红色资源融入高校思政课教学，将红色资源中具有理想信念的题材融入和渗透到大学生思想政治教育之中，引导大学生筑牢信仰之基，防止精神上"缺钙"和得"软骨病"，引导大学生不断增强"四个意识"、坚定"四个自信"、做到"两个维护"，让红色资源为大学生提供强大的精神动力，成为大学生的精神支柱和思想之魂.

3. 时代价值——引导学生正确价值导向，践行社会主义核心价值观

红色资源蕴含着中国共产党百年不忘初心，带领人民为实现民族独立、人民解放和国家富强而努力奋斗，始终将国家利益、党的利益、个人利益

与社会利益紧密结合在一起，全心全意为人民服务的高尚情怀和崇高价值追求。因此，要用实际行动把红色文化、红色基因一代代传下去，用红色资源强基固本、擦亮大学生精神底色，用红色资源的强大感召力凝聚共识、引领大学生走好新时代的长征路。

4. 斗争价值——培养学生底线思维，提高意识形态斗争能力

当今世界正发生着深刻变化，一些西方大国利用文化领域中的"转基因"进行颜色革命，企图争夺意识形态领域的"制脑权"，不断对我国进行意识形态渗透，造成部分大学生红色信仰"扭曲"和红色基因"变异"，影响了大学生对红色文化的认同，削弱了马克思主义指导地位。因此，高校必须坚守好意识形态主阵地，巩固好意识形态工作领导权、话语权，提高大学生意识形态风险防范能力和底线思维，大力推进红色资源融入高校思政课进程，提高大学生鉴别意识形态风险能力，将风险消灭在萌芽状态。

高校思政融入红色资源的根本目的是更好地完成立德树人的任务，这对于培养新时代合格的社会主义建设者和接班人具有重大意义。作为中华民族于伟大实践中创造的卓越遗产，红色资源代表了中华民族的优秀传统和精神谱系，是培养中国特色社会主义事业建设者和接班人的重要基因。在思政教育中融入红色资源有助于使爱国主义精神代代相传。红色革命精神代表了革命先烈的英勇斗争精神、为人民服务的崇高意愿和信仰、国家利益高于一切的根本立场。融合红色资源的思政教育能够激发大学生对红色革命精神的理解和认同，能够使大学生在面对困难和挑战时保持坚定的信念与勇于奋斗的精神。红色资源作为中华民族的瑰宝，是国家和民族的宝贵精神财富。融合红色资源的思政教育有助于培养爱国主义情感和弘扬中华民族传统美德，培养大学生的民族自豪感和认同感，让他们具备强烈的国家意识和社会责任感，为实现中华民族伟大复兴贡献自己的力量。同时，通过学习和理解红色历史中的英雄事迹、伟大胜利和艰苦奋斗精神，学生能够汲取智慧和力量，培养大公无私、舍小家顾大家的情怀和为人民服务的奉献精神，有助于更好地传承中国共产党和中国人民在革命斗争中的创造力、团结力和战斗力的优良传统。高校应当充分发挥红色文化的教育价值和社会影响，积极思考和探索在思政教育中如何更好地融合红色资源，以此引领学生的价值追求和行为准则，培育道德高尚、饮水思源、明辨是非的时代新人。

（二）校本红色资源融入思政实践教学的具体设计

思政课实践教学，是与课堂讲授教学相衔接的，以学校为枢纽，以实践教学为平台，教育引导学生在亲身参与实践体验中，学思用贯通、知信行统一的教学方式。红色资源贮藏在红色旧址与建筑、器物与精神、文献与文艺、人物与事件、研究与创作、仪式与活动中。高校要结合校史、校训、校歌、校风，挖掘开发学校的红色资源、学科优势，发挥先进人物、优秀党员、杰出校友等群体的示范作用，利用好图书馆、博物馆、档案馆的资源，使红色资源融入办学理念中，并转化为学校及其师生现实奋斗中的动力、品质、本色。高校可以从实践教学目标、内容和形式三个方面进行具体设计，促使校本资源的有机融入，实现"实践育人"目标，提升思政课教学实效。

1. 依据教学目标精选契合资源

实践教学是高校思政课实现立德树人、促进学生"知行合一"的重要环节。这就决定了思政课实践教学要立足党和国家发展的大局，解决好"培养什么人、怎样培养人、为谁培养人"的根本问题。通过实践活动，深化学生对思想政治理论知识的理解和掌握，增强学生运用正确的立场、观点、方法看待和分析社会现实问题的能力，使学生在参与实践体验中深刻领悟中国共产党"能"、马克思主义"行"、中国特色社会主义"好"的真谛，将自我价值实现与党和国家的事业发展紧密相连，自觉成长为堪当民族复兴大任的时代新人，成为中国特色社会主义事业的合格建设者和可靠接班人。

依据这一教学目标，精选的校本资源要契合党史、新中国史、改革开放史、社会主义发展史、中华民族发展史，反映中国特色社会主义理论与实践探索的伟大成就，在理想信仰、道德修养、人文精神等方面蕴含独特且丰富的育人元素，并具有可操作性、可持续性，如悠久校史、校内人文景观、厚重的文化底蕴和校训精神以及丰富多彩的校园文化活动等。

2. 找准教学内容的融入点

在高校思政课实践教学中，教学内容是实现教学目标的重要保证，也是组织全部教学活动的主要依据。

将校本资源融入思政课实践教学，找准教学内容的融入点至关重要，这是实践教学活动有效开展的关键，关系到思政课实践教学目标的实现。

思政课实践教学在教学内容上强调坚持理论性和实践性相统一，促进理论教学与实践教学的有机结合。这就要求融入校本资源时应有重点把握，将校史校情、学校办学成就、校园文化活动和人文景观等，按照思政课理论教学内容要求，有针对性地设计实践教学的主题和方案。例如，"毛泽东思想和中国特色社会主义理论体系概论"课程第六章关于社会主义改革开放理论、社会主义市场经济理论的内容，可结合改革开放以来学校的办学成就、校办产业的改制发展等，开展调研、撰写调研报告。在"习近平新时代中国特色社会主义思想概论"课程中，全面从严治党的内容，可结合徐特立教育基地的参观，让学生撰写心得体会，深化对新时代中国共产党勇于进行自我革命的认识。这样的内容设计，不但可以很好地补充和拓展理论教学内容，使理论与现实充分结合起来，而且选材于学校，为学生所熟悉，便于调动学生参与的积极性，从而实现全员参与、全体覆盖。

3. 拓展多维融入的教学形式

从完整的教学活动出发，思政课实践教学不仅要解决"教什么"的问题，还要回答"如何教"的问题。这意味着，思政课实践教学在教学形式上要求从传统单一走向多维立体，通过丰富多彩、形式多样的实践活动，实现全方位、全过程的思政实践育人。

课堂是进行思政课教学的主渠道，通过情景模拟、视频观看、问题研讨等形式将校本资源融入课堂实践教学之中，能更好地促进学生对理论知识的认知。校园是学生主要活动场所，要充分运用好校园这一实践"重地"。一是组织学生参观校史馆，帮助他们充分了解校史校情，引导他们深刻认识学校的发展史是中国共产党百年奋斗历程的见证，自觉地做到传承红色基因、赓续红色血脉。二是依托学生社团开展实践教学，结合思政课程的教学内容，组织社团成员观看《两会"微镜头"》，分享两会"习语金句"和学习心得。这类学生社团活动能给学生相互之间交流学习心得和人生经验提供一个很好的平台，培养学生自主学习能力。三是开展团队研究性学习。教师可就思政课的相关内容为主题布置学生以小组为单位开展校园调查，撰写调查报告，培养学生的团队合作精神，引导学生将理论与实际相结合。

社会实践是思政小课堂连通社会大课堂的重要桥梁，要充分利用学校和周边资源，积极推进校地、校企、校社、校校合作，聚焦改革发展、基层治理、法治中国、乡村振兴等重大主题，开展形式多样的思政课实践教学活动，引导学生了解国情、锻炼能力、增强才干。如带领学生到校办企业进行实地参观，了解企业的发展历程和发展成就，使学生进一步认识改革开放的伟大意义以及社会主义市场经济的制度优势。

面对"网生代"大学生，思政课实践教学要因时而进、因势而新，充分利用网络信息技术和平台，使校本资源有机融入其中，拓展教学空间。一是建立校本网络实践资源库。教师在课程内容的基础之上，结合学校实际和学生需要，借助慕课、智慧树平台自建在线课程，通过观看视频、话题讨论、拓展阅读、分享交流等模块设置，将校本资源融入课程教学设置中，为学生提供特色化的网络实践资源。二是组织学生开展网络主题实践活动。教师根据教学需要，设置校园文明、安全以及生态环保等特色主题，组织学生开展网络调研、网络访谈、网络作业等实践。三是运用虚拟仿真技术进行虚拟实践教学。虚拟仿真在增强实践体验感、深化实践教学内容方面具有传统实践教学方式不可比拟的优势，将 VR、AR 技术应用于思政课实践教学，打造以红色校史为主题的虚拟实践场景，实现校本资源、实践教学与网络技术的深度融合，进一步提升实践教学资源的质量，推动思政课教学改革创新。

第二节　校本红色资源融入高校校园文化

校园文化是高校发展软实力的体现，也是高校办学的灵魂所在。校园文化是学生成长成才的人文土壤，对于学生的品格塑造和价值观念的养成具有不可估量的影响。目前，许多高校仍存在着校园文化建设与思想政治教育相分离的状况，具体表现在思想政治教育单调施行，校园文化建设意蕴不强。校园文化更多表现于对物质类文化建设的重视，而对精神类文化建设的相对轻视，校园文化活动更关注娱乐性而忽视深层次的文化导向。

高校校园文化建设以思想政治教育为主导，从总体上讲，校园文化的建设要服务于立德树人的根本目标和社会主义大学的办学方针，校园文化建设要围绕培养社会主义时代新人而展开，为的是要用先进的思想开发大学生的智慧、启迪大学生的思想，以实现人的全面发展为最高指向。只有在思想政治教育的主导下才有可能发挥校园文化的育人功能，实现其价值目标。高校思想政治教育需要校园文化做有效载体。校园文化如同无形之手，引领着大学生朝着健康的方向发展，无论学生愿意与否，只要长期置身其中，就会在不知不觉中受到校园文化所倡导的精神、所形成的氛围的熏陶和感染，于是在潜移默化中内化为个人的思想意识和行为，从而实现以德育人的思想政治教育工作目标。

校园文化需要以多种形式展现，其既是对高校长期形成的育人理念、优良作风和价值追求的继承，也是对各种先进文化的融合吸收。红色资源作为社会主义先进文化形态，是校园文化建设吸收、融合的必然选择。校园文化内容需要物质文化形态与精神文化形态做支撑。红色资源具有丰富的物质文化资源，同时更蕴含着多样的精神内涵，红色资源融入高校校园文化最主要的内容是作为一种精神品质和价值借鉴来影响大学生的思想动态与行为习惯，红色资源与校园文化的协调兼并发展是高校思想政治教育的有效途径。红色资源融入高校校园文化，可以以其丰富的精神内涵有效弥补高校校园文化建设注重物质文化而忽视精神文化的问题；可以以其多样的表现形态突出校园活动的文化导向，以此有效地促进思想政治教育与校园文化建设的深度融合。

一、红色资源融入校园物质环境建设

校园文化的物质载体是指校园的物质文化环境，它是校园文化的外在表现，因其是客观存在，所以能够直接引起学校师生的感官感知，具有显性教育功能，并对学校师生产生潜移默化的影响。建设良好的校园物质文化可以有效增进大学生的身份认同感，进而影响思想政治教育融入校园文化环境的效果。红色资源融入高校校园是实现思想政治教育与校园文化建设有效对接的现实载体。将红色精神融入校园文化不是一蹴而就的事情，需要通过校园物质文化载体进行深入推进。红色资源不仅要融入校园物质景观建设中，而且要融入校园建筑设计中，特别是要加强与校史馆、文化广场、雕塑、长廊等建筑物的衔接。同时，在室内设计中，也应该注重红色文化元素的融入。这样的规划可以促进高校物质文化建设在外部展现良好形象和红色底蕴，在内部延续红色基因、凸显红色文化符号。在师生接受红色文化熏陶的过程中，不断以积极的影响促进正确价值观念的构建。

案例

湖南省新时代文艺研究中心红色文化创作研究基地落户长沙师范学院

为深入贯彻落实习近平文化思想，打造全省理论研究、创作实践有机结合平台，探寻"新文科"建设背景下地方应用型本科院校科学研究和学科建设的新范式、区域红色文艺传承发展的新模式，2023 年 12 月 14 日，长沙师范学院与湖南省文学艺术界联合会签署协议，共建湖南省红色文化创作研究基地。

湖南省新时代文艺研究中心红色文化创作研究长沙师范学院基地，分为湖南红色文化研究与传承、红色文艺作家与作品研究、红色文艺理论研究、红色文艺创作与传播四个研究方向，主要围绕研究与创作、人才培养、优化基础条件建设和强化学术交流等方面开展工作，旨在打造一支优秀的湖南红色文艺研究与创作专门研究队伍，切实提升学校中国语言文学省级应用特色学科和省级一流专业中国语言文学建设水平；形成集成优势，激发科研活力，创建湖南红色文艺研究领域学术制高点，产出一批较有影响的标志性科研成果；形成湖南红色文艺研究与创作特色品牌，为湖南省红色文艺与文化发展提供理论咨询与指导，全面提升服务国家战略和经济社会发展能力。

基地负责人表示，红色文艺是中国特色社会主义文化的重要组成部分，是中华民族精神的重要表达方式，今后，学校将依托红色文化创作研究基地，以红色文艺的历史和现状研究为抓手，着重红色文艺创作，阐发、传播其精神价值，发力高素质应用型人才培养，紧密结合国家发展战略和学科发展前沿，传承创新，在讲好湖南红色文艺故事的基础上，讲好中国故事，为幸福美丽新湖南建设贡献红色文艺的精神力量。

（一）红色资源让校园物质文化形神兼备，体现校园人文精神

校园物质文化的范畴是十分广泛的，从自然环境来讲包括高校所处的地理环境和地形地貌；从校园建设来讲，各类建筑、教学科研设备和生活设施也包括在内；从环境布局来讲，校园园林、草地、道路、花坛等都是校园物质文化的组成部分。红色资源要融入高校物质文化的讨论不是指将其覆盖进高校物质文化的方方面面，而是寻找能够呈现红色文化的物质载体，巧妙地将二者融为一体。

第一，红色资源要融入校园景观建设中。校园物质文化景观是一种特殊的物质文化景观，其独特之处就在于它是专门的育人场所。育人的意向性要求景观本身是一个包容丰富教育意义与教育价值的文本。校园物质文化景观积淀着历史、传统、文化和社会的价值，蕴含有巨大的潜在教育意义。红色资源融入校园物质景观主要是指塑造一批展现红色文化内涵的物质载体，比如可以是石刻雕塑。走进长沙师范学院北校区的"天圆地方"之门，首先映入眼帘的便是"先生石"，毛主席那如诗般的"你是我二十年前的先生，你现在仍然是我的先生，你将来必定还是我的先生"的敬言篆刻于石上，底蕴深厚，令人肃然起敬。北校区图书馆前伫立徐特立铜像的广场，自然被冠以"特立广场"之名。再前行，是"厚德博学、特立笃行"的校训石，这些精雕细刻的校园建设可以更好地传承弘扬徐特立革命精神和教育思想（见图3-3）。

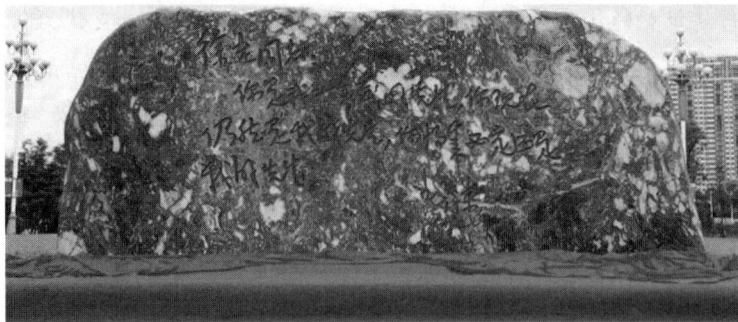

图3-3 校园"先生石"

第二，红色资源融入校园物质文化的主要物质载体要面向校史馆、纪念馆、文化广场等，因为这些场所能够集中而系统地展现红色资源及其内含的精神价值。有些学校自身因为历史的积淀与许多革命人物、榜样楷模、历史事件有着相关性，以此为基础成立的纪念馆更加具备说服力和真实性。

例如，长沙师范学院积极向长沙县委、县政府建言，成功将毗邻学校南校区的原星沙生态公园更名为徐特立公园，2005 年 8 月正式向公众开放后，成为长沙市尊师重教的实践基地。在南校区，图书馆被命名为特立馆……这些是学校进行红色精神宣传、红色文化传承的重要平台。

（二）红色资源让校园物质文化匠心独运，凸显思想政治教育生活化

红色资源融入校园物质文化不仅要着眼于校园景观物质和校园建筑设计，而且还应该从小处着手，将红色资源融入细致精巧的校园设计中去，可以说，校园的任何细小空间都可成为蕴含红色文化元素的创意载体，在展现高超的设计智慧的同时体现高校的人文关怀。具体而言可以从以下三个方面入手。第一，校园公寓楼、道路规划可以利用红色资源中的人物、事迹起名，在潜移默化中传递红色文化信息。如徐特立公园前的潇湘路，则一并被改成"特立路"。第二，校内公园、校园广场可以从形态上"复制"具有代表性的红色资源场所，为学生提供身临其境的感受体验。如长沙师范学院在其南北校区，各建有一个风景秀美的荷花池，夏日荷花艳艳，四季书声琅琅，则是对徐老长沙城北荷花池创校的最好纪念。第三，不能忽视公寓内文化建设对红色资源的吸收与借鉴。要以培养社会主义核心价值观为落脚点，构建宿舍红色资源体系。

校园物质文化一般表现在教学相关建筑、人文环境以及基础设备上，这些是校园文化所需的基本物质载体，也是构建文化校园的一个重要前提和基础。红色资源的融入促进了学生的文化自觉在对物质文化的感知过程中被唤醒，赋能校园物质文化展现真、善、美与向上的内涵，不仅体现了以文化人的精神要旨，也对师生的身心成长起到激励与振奋的作用，达到"物教"与"人教"的互动结合。

二、红色资源融入校园文化活动建设

校园文化以特有的精神环境和文化氛围塑造人，需要以文化活动为载体。校园文化活动具有参与人数多、开展范围广、持续时间长、产生深远影响的特点，逐渐成为高校思想政治教育的重要途径。通过其潜隐性、渗透性和自我性等隐藏教育特点，补充了显性思想政治教育的不足，成为高校思想政治教育的重要组成部分。在当前的高校校园文化活动建设中，具有时代感、符合大学生身心成长规律、富有活力和趣味的活动能够激发大学生的参与热情。然而，也存在一些问题，如过于注重娱乐性、忽视教育性，重视形式而轻视实效，过于偏向学术性而忽略思想性等。比如各种文娱体育活动往往是大家热闹一阵就收场，活动中没有教育的因素、可供学习的资源，即使有，活动完了由于没有相应的总结工作，有的也变没有了……高校经常举办各类学术讲座，但绝大部分学术味太浓，结合实际进行思想教育的则较弱，导致的直接后果是学生厌烦听讲座，教育者的初衷完全没有实现。

目前各个高校都在开展红色资源融入校园文化活动的实践，但实际成效并不明显，更多的是程式化的表演。以红色文化纪念日为例，许多高校每年都会组织清明烈士墓地祭扫活动、五四青年节纪念活动、抗战胜利纪念活动等，但这些活动的形式陈旧、缺乏新意，模式固定乏味、按部就班，无法引起大学生的兴趣和参与度。学生们往往认为这些红色文化纪念活动只是例行公事，无法通过活动加强思想政治教育的效果。校园文化活动对于促进大学生健康成长和全面发展起着重要作用，因此，需要加强大学生的文化素质教育。我们应该开展丰富多彩、积极向上的学术、科技、体育、艺术和娱乐活动，将德育与智育、体育、美育有机结合起来，将教育融入文化活动之中。为了实现这一目标，我们必须依靠高质量的教育资源。

作为一种文化存在，红色资源以其厚重的历史积淀、深刻的内涵蕴意、多样的形式表征承载着马克思主义中国化历程中中国共产党人和人民群众的集体智慧和结晶，其特定的价值旨归和生成逻辑发挥着促进情感认同、宣扬主流价值、规范个体行为等功能，是校园文化活动不可或缺的优秀资源，其融入也是校园文化活动促进思想政治教育，实现文化育人的有效手段。

红色资源融入高校校园文化活动，多通过仪式活动、文艺活动、社会实践活动三个方面加以实现。

（一）仪式活动：凝聚红色资源，传承文化发展

仪式是校园文化活动中的重要组成部分，许多高校都会举行各种固定性的仪式活动，如升旗仪式、毕业典礼等，这些活动是师生共同参与的重要校园文化活动。高校仪式活动通过创造特定情境，能够凝聚参与者的情感，突出情绪的传递和调动对教育起到重要的作用。红色资源本身承载着革命、建设、改革等重要历史时刻、榜样人物和历史事件，将红色资源融

入校园仪式活动可以向当代大学生展现历史时空的印记。通过依托遗址遗迹、纪念馆等红色资源的物质载体，将学生与红色历史、革命先烈的距离拉近，有效地引导学生回顾先烈们的革命事迹，接受革命传统教育。这样的校园仪式活动能够唤起学生对红色历史的记忆，增强对先烈们的敬意和敬仰，激发爱国情怀和责任意识。同时，这些活动也通过情感共鸣，培养学生的集体荣誉感和归属感，促进他们的团队合作意识和集体意识。

红色资源融入校园仪式活动，一方面，要明确红色文化仪式活动的鲜明主题。仪式活动总体上要坚持马克思主义理论的指导地位，以宣传主流意识、激发爱国热情、培育社会主义核心价值观、夯实政治认同为基调。例如，开展纪念抗日战争相关的仪式活动，就要突出爱国热情的宣扬，体现"天下兴亡，匹夫有责"的勇气与担当；与改革开放相关的纪念活动则要体现勇于创新、勇于开拓的拼搏精神。另一方面，要强化红色文化仪式活动的教育实效。红色文化仪式活动的建设要一改以往活动形式单一、组织形式松散、价值指向不突出的弊端，明确其活动的价值指向和目标要求，不断强化组织形式，发挥团建、党建引领作用，考虑大学生群体的现实需求，以生活化的教育唤醒红色记忆，巩固仪式活动，带领学生化被动为主动，自觉认识红色资源的深厚内涵，学习红色文化精神，增强红色资源传承发展的主动性，让仪式活动展现"以文化人、以情感人"的教育成效。

（二）文艺活动：融入红色资源，构建情感认同

红色资源本身具有政治性和严肃性，但其在表现形态上却呈现出多样性。将红色资源融入校园文艺活动的目的在于搭建一个桥梁，将红色文学艺术作品与大学生校园活动相连接，通过这种方式传达红色文化精神，激发大学生群体的情感共鸣，加深他们对红色资源的认同，并促使他们自觉成为红色资源的传承人。

红色文艺经典是红色资源的艺术符号，自身积淀着的红色基因和文化基因如能在高校有效传播，将在大学生的内心播下红色种子，用红色精神力量鼓舞大学生成长成才。将红色文艺经典融入高校文艺活动要注重大学生的参与度，用红色文艺经典长久的艺术生命力影响更多新时代的青年人。例如，长沙师范学院为深切怀念徐特立先生，组织师生编排大型诗歌《特立颂》（或名《人民之光》）、舞蹈《一封信》、红色民族歌剧《先生》等文艺活动，利用一系列红色文艺活动的举办构建红色文化传承发展的情感认同，实现育人效果的规模化和持续化。

（三）社会实践活动：培育红色资源，发展个体自觉

为了提高大学生对红色资源的接受度，有必要将其融入社会实践活动中，让大学生通过实践互动的方式，真正感知红色资源的情境。红色文化精神应成为大学生社会实践的精神指引，以指导他们在实践中积极参与和体验。社会实践的总体布局应当引导大学生走出校园，在基层、群众、实际环境中深入实践，这包括教学实践、专业实习、军事训练、社会调查、生产劳动、志愿服务、公益活动、科技创新以及勤工助学等方面的活动。通过这些实践，大学生将在实践中获得教育、培养才能、作出贡献。

高校应该用吃苦耐劳、自力更生、艰苦奋斗等红色文化精神内涵指导大学生的社会实践，并在具体实践活动中将红色资源加以运用与传承。近年来在许多高校实行的以红色资源为主题的研学旅行实践活动，就是将红色资源与社会实践深度结合的典型活动范式。研学旅行借助红色旅游资源让大学生离开课堂讲解，通过参观、聆听、模仿、学习等调动身心的认知方式提高学生道德认知水平，以学生的主动参与和体验代替传统的说教形式，在红色文化、红色思想的熏染中获得更多积极正向的情感体验。如长沙师范学院组织学生奔赴湘西十八洞村、长沙县开慧村和特立村、桑植县洪家关村（贺龙故居）、江西井冈山等红色纪念地，让大学生感受红色资源熏陶，强化实践锤炼。

第三节　校本红色资源融入高校传播媒介

传播是人类社会交往的纽带，人们为了彼此传达思想，交换意见，表达情感、需要等目的，运用语言符号而实现的沟通就是交往。传播是人类实现交往的主要手段，对于推动社会进步和文化创造起到至关重要的作用。不论任何形式的文化，都需要通过传播才能被更多人所了解、认可和学习。而红色资源作为独特的文化形态，同样需要符号传播体系的支持，才能实

现文化成果的传承和影响更多受众。

　　媒介是利用媒质存储和传播信息的物质工具。伴随科学技术的不断发展和社会需求对传播提出的更高要求，传播媒介更新换代、推陈出新，从口口相传的传播形式到文字媒介的出现，再到纸质媒介、电子媒介、网络媒介，层出不穷。高校是意识形态工作的主阵地，以传播主流文化为己任。高校传播媒介也伴随媒介的整体发展发生了日新月异的变化，既包括传统传播媒介，也包括现代传播媒介。

　　红色资源要融入高校传播媒介就是要以传承红色基因、传播红色精神为主题，让这一先进文化形态占领高校宣传思想工作的主要平台。

案例

传承徐特立育人理念，长沙师范学院大型原创歌剧《先生》首演

　　2022 年 3 月 19 日，长沙师范学院大型原创红色歌剧《先生》在该校田汉剧场精彩上演，线上直播近 3 万人次观看。该剧讲述徐特立革新教育的故事，以精深的教育思想、精湛的演唱技艺、精奇的历史故事，赢得线上线下观众赞叹（见图 3 - 4）。

图 3 - 4　3 月 19 日，长沙师范学院大型原创歌剧《先生》首演

　　2022 年是长沙师范学院建校 110 年、老校长徐特立 145 周年诞辰，为更好地传承徐特立的育人理念，升华学校师德师风建设，突出高质量培育师范人才，在学校党委的主导下，由田汉艺术中心牵头，全校各级部门紧

密配合、师生用心用情用功创作表演大型民族歌剧《先生》，其中音乐舞蹈学院160余名师生全程参加。

全剧共分为《梨江风雨》《走出五美》《红楼中秋》《春风化雨》《巷陌书声》《荷池馨韵》六幕，从歌唱到表演、从舞蹈到舞美，幕幕精巧精致，令人耳目一新。歌剧通过现场歌唱与演奏的艺术形式生动地讲述了徐特立在教育上革故鼎新的六个小故事，完整地表现了"不用一个模子塑造人""经师人师合一"等教育思想，成功塑造了独立而鲜活的人物形象，全面而精准地呈现了徐特立早年为实现教育救国理想艰难办学的奋进历程，彰显崇高的精神品格与爱国情怀、使命担当。

《先生》根据不同的人物角色创作了众多旋律优美而动人的优秀唱段，既采用了长沙民族民间音乐元素，具有浓郁的地方特色，又运用了现代音乐元素与现代作曲技法，富有强烈的时代气息。尤其是主人公徐特立的男高音与合唱唱段《为何这般难》《强我中华把气扬》《教育强国天地宽》，徐特立与乡绅的对唱唱段《对峙》，徐特立与妻子熊立诚的对唱唱段《别样中秋》，瑛姑的女高音唱段《油灯照前方》等，情真意切，感人肺腑，将剧中人物的思想情感与精神风貌表现得淋漓尽致，给人留下了深刻印象（见图3-5）。

图3-5 民族歌剧《先生》片段

民族歌剧《先生》的创演是长沙师范学院传承"特立精神"、赓续红色基因的有力实践，学校不断推进"红色长师"建设，进一步将红色基因转化为育人实效，引导青年学子将远大抱负落实到服务社会的实际行动中，把个人的理想追求融入党和国家事业之中，为党和国家的教育事业、为湖南全面落实"三高四新"战略定位和使命任务贡献智慧与力量。

一、红色资源融入高校传统传播媒介途径分析

高校传统传播媒介是相对于现代网络新媒体传播媒介来讲的，一般情况下，常用的高校传统传播媒介主要由学校报刊、校园广播、校园电视、橱窗海报等宣传媒介组成。

（一）红色资源融入校报校刊

高校的校报校刊主要存在两类形式：第一类是学校主办成立的正式刊物，是具有专业刊号，具备专业编辑部门和发行部门，在全国范围内统一发行的校报校刊。第二类是由学校某部门主办，依靠学生团体和教师力量创办的，没有刊号，没有采编和发行团队，容量较小，传播范围也以本学校为主的校报校刊。其作为学校的内部刊物，虽未正式发行，却时常引领校园文化风尚，在校园里的影响力依然不容小觑。一直以来，校报校刊在高校都承担着宣传教育、信息传递的桥梁纽带作用，是学校的主要舆论阵地。红色资源融入校报校刊，应该面向学校正式出版发行的社会科学类期刊，可以在期刊开设与红色文化研究相关的栏目。例如，长沙师范学院创始人徐特立是伟大的无产阶级革命家、教育家，在党内、在全国人民心中有着崇高的威望。他有着极其丰富的教育实践，创立了博大精深的教育理论，培养了新中国几代青年。我党的一批重要领导人如毛泽东、蔡和森、何叔衡、李维汉、李鹏、叶选平等，都曾当过他的学生。徐特立的人格精神和教育思想，是长沙师范学院宝贵的精神财富。学院非常重视对这笔资源的发掘和利用，办有《徐特立研究》杂志，与湖南省教育科学研究院共建湖南省教育科学徐特立教育思想研究基地，挂靠有湖南省徐特立教育思想研究会，发起成立了湖南省徐特立教育基金会，编辑出版了《怀念徐特立同志》《徐特立文集》《徐特立传》《无产阶级教育家徐特立》《徐特立的基础教育思想研究》等十多本书籍。

同时，红色资源也要融入学校内部创办的校报校刊。这类期刊虽未广泛发行，但是因期刊编辑与运行以学生为主体，他们更熟悉大学生的生活和语言，更容易得到大学生受众的关注和喜爱，也更容易贴近大学生自己的学习生活。在这类期刊中要经常性地刊登一些红色故事、榜样人物事迹，设立红色文化专栏，吸引和鼓励大学生积极写稿投稿，从而让大学生主体既成为红色文化教育的接受者，也在不知不觉中成为红色文化的传播人（见图3-6）。

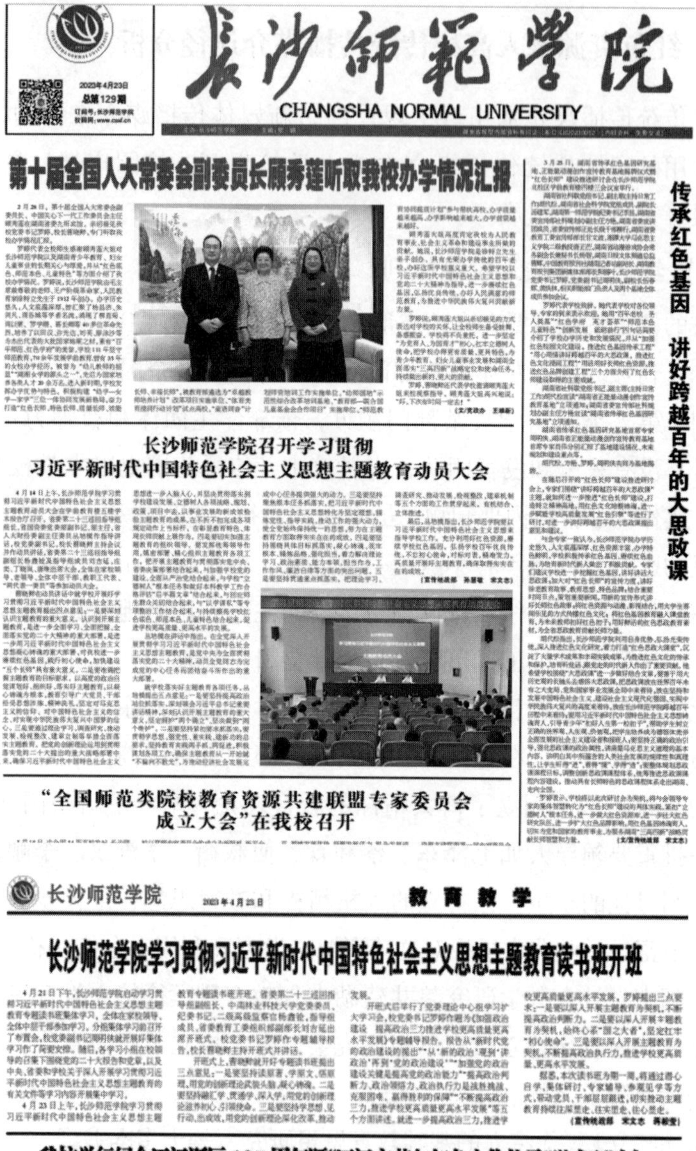

长沙师范学院

CHANGSHA NORMAL UNIVERSITY

2023年4月23日

总第129期

第十届全国人大常委会副委员长顾秀莲听取我校办学情况汇报

传承红色基因 讲好跨越百年的大思政课

长沙师范学院召开学习贯彻习近平新时代中国特色社会主义思想主题教育动员大会

“全国师范类院校教育资源共建联盟专家委员会成立大会”在我校召开

长沙师范学院 2023年4月25日 教育教学

长沙师范学院学习贯彻习近平新时代中国特色社会主义思想主题教育读书班开班

我校举行纪念田汉诞辰125周年暨“田汉文艺与红色文化传承”学术研讨会

图3－6 校园报刊

（二）红色资源融入校园广播

　　校园广播作为学校重要的宣传平台，在信息传播媒介、时效性、针对性等方面具有独特的优势。声音是校园广播的传播媒介，与图书报刊、网络新媒体相比，声音传播不受地点、设备等因素的限制。无论学生身处室内还是室外，在课余时间都能快速通过校园广播了解到最新的信息。红色资源可以充分利用校园广播的声音传播优势，通过在校园广播中连续播送红色歌曲、歌剧、红色小说、诗歌等内容，实现对大学生的持续红色资源信息灌输，从而让校园广播由传统的单向宣传模式转变为与大学生进行互动和参与的平台。这种持续性的红色资源信息传播可以让大学生更深入地了解红色文化的内涵与价值观，增强其对红色资源的认同感和情感共鸣。同时，通过校园广播的播送，红色资源也得以充分展示，进一步丰富校园文化氛围，塑造红色精神在学生中的形象。《湖南为什么这么红?》《红色湘西之湘西剿匪胜利门》……这是长沙师范学院"特立青年"志愿服务队在凤凰县林峰完小推出的《红色精神润人心》广播栏目。"特立青年"志愿服务队的广播员们不仅分享了关于红色精神、红色文化的故事，还介绍了许多湘西红色人物。《向警予：坚贞不屈，绝对忠诚》《廖云卿：慷慨就义的游击英雄》《坚守党的秘密——巾帼英雄米月娥》……每一个向死而生的生命背后，都有一段值得牢记的英雄故事。推出"湘西红色人物故事"系列，不仅让学生了解到战争年代为中华民族解放事业牺牲的无数革命先烈，更让学生铭记历史，警示未来，弘扬伟大的民族精神!

　　红色资源具有丰富的内容和多样化的表现形式，使其成为校园广播的优质载体。将红色资源融入校园广播可以提升广播节目对学生的吸引力，有效发挥广播系统在思想政治教育方面的作用。同时，校园广播的信息编辑拥有独特的群体优势。由于校园广播受高校宣传部门直接管理和约束，可以传达高校思想政治教育的意图。从内容选择、节目编排到录制传播，学生参与起到了主导作用。融入红色资源要紧紧抓住校园广播的学生主体，让学生参与编辑创新红色文化的选材。可以邀请红色文化研究学者、榜样人物作为嘉宾参与广播节目的录制，同时开通听众热线，让大学生与嘉宾进行交流互动。还可以安排学生播音员朗诵红色经典著作，引发听众的点评和互动。这些举措不仅突出了红色文化融入校园广播的必要性，同时也在一定程度上增强了校园广播在思想政治教育方面的功能性和针对性。

（三）红色资源融入校园电视、橱窗海报

校园电视是学校的重要设施，旨在为师生员工提供优质的电视媒体服务。将红色资源融入校园电视，有助于打造主流媒体平台，整合具有丰富价值和意义的红色教育资源，更好地发挥校园文化思想育人和文化育人的作用。这不仅是学校对师生员工的关爱和关注，更是对校园文化建设的积极推动。首先，红色资源融入校园电视，要坚持不断探索电视节目创新的思路。调动学生记者的制作热情，制作红色资源相关的特色节目，可以是DV（数码摄像机）展示，可以是人物访谈，可以是纪念馆等实景拍摄，也可以是"四史"讲座等文化节目。其次，要加强典型宣传。通过校园电视报道"红色文化人物""百年党建人物""时代楷模"，甚至也可以延伸报道一些红色资源传承保护人的事迹经历，以红色人物带动和感染青年学子奋发图强、立志报国。最后，利用校园电视持续发布与红色资源相关的图文信息，可以通过每天滚动播出的形式实施，也可以利用学生用餐、娱乐、运动的时间段播放红色经典文艺作品。

橱窗展板、海报可以说是典型的传统意义上的传播媒介，是通过视觉传达的效果，依赖艺术设计的手段有目的、有计划地传播自己想要表达的信息。在橱窗展板、海报的设计中加入红色文化的元素有利于学校开展有针对性的思想政治教育活动。特别是可以结合重要的历史纪念日进行整版设计宣传。

知识链接

新媒体环境下红色资源融入高校校园文化的作用

1. 坚定理想信念，激发求知欲望

红色资源兼具科学性与先进性，与新时代大学生的精神需求和个性特

点相契合，可以进一步丰富高校校园文化。大学生坚定政治信仰、树立理想信念、提升思想水平，是新时代高校校园文化建设的重要目标，红色资源中蕴含着革命先辈无私奉献、顽强奋斗的精神，蕴含着他们为实现崇高理想的舍生取义、慷慨赴死信念。这些精神食粮无疑对新时代大学生具有较强的号召力与引导力。在高校校园文化的建设过程中，高校将红色资源全方位融入新媒体传播场域，借助新媒体技术与网络传播渠道，可以从形式上改变红色文化资源的一贯传播模式，在保留红色文化精神内核的基础上，以多种模态并行的方式全面强化大学生在审美、感知、表达等多维度的感受。

2. 引领价值塑造，满足心理诉求

红色资源具有较强的多样性和先进性，高校在校园文化建设中融入红色资源，有助于保证校园文化的与时俱进，塑造高校的"大思政"格局。高校借助新媒体技术，结合中国共产党的奋斗历程、历史事件、革命先驱等素材，以大学生的思想动态变化为方向，对红色资源实施形式化改造和定向化编辑，可以从不同维度满足大学生的精神需求和心理诉求，为其价值信仰的塑造提供丰富的教育资源，充分发挥高校校园文化的育人功能。

3. 坚定文化自信，承担历史使命

文化自信是对民族文化的肯定与坚持，对一个民族的可持续发展具有基础推动作用。大学生坚定文化自信是中国梦得以铸就和实现的前提条件。在传播范围和传播效能上，新媒体具有强大的优势，然而其传播场域中也充斥着大量良莠不齐的信息与言论，影响大学生的思想观念和价值取向。历史虚无主义、个人享乐主义等不良思潮侵袭着大学生的思想心态，使大学生的个人习惯与理念信仰受到影响。而红色资源蕴含着中国共产党在革命历史过程中积累下来的先进文化，高校将其融入校园文化建设，可以使大学生在校园生活与学习中受到熏陶，树立文化自觉并坚定文化自信，使大学生在新媒体传播场域中具备去伪存真的理性鉴别能力。

二、红色资源融入高校网络新媒体传播媒介

（一）红色资源融入高校网络、网站

2017 年 2 月，中共中央、国务院印发的《关于加强和改进新形势下高校思想政治工作的意见》强调："要加强互联网思想政治工作载体建设，加强学生互动社区、主题教育网站、专业学术网站和'两微一端'建设，运用大学生喜欢的表达方式开展思想政治教育。"大学生的学习、生活处处离不开互联网的干预和影响，互联网已经成为他们发表言论、获取知识、社交互动的重要领域，是其学习生活的"新空间"。而从高校的角度来讲，互联网也已经成为高校传播主流意识形态、进行知识传递、实施教学管理的主要平台。依托互联网技术存在的校园网站、微信微课、视频影像等新媒体传播媒介对高校思想政治教育实践的开展日益体现出重要的作用。

面对日新月异的互联网技术，让红色资源搭上互联网的高速列车，无疑是依靠红色资源占领网络宣传阵地、发挥网络红色资源思想政治教育功能的重要途径。一方面，红色资源融入高校网络新媒体传播媒介能够有效应对互联网时代高校思想政治教育面临的新挑战，主要表现在对利用网络平台进行西方资产阶级意识形态渗透行为的有效遏制。另一方面，高校网络新媒体为红色资源思想政治教育功能的实现提供了便利条件，除了对红色资源教育的受众进行扩大之外，还主要表现在互联网拥有的海量信息资源丰富了红色资源教育的素材；网络新媒体便捷、快速的传播速度，提升了红色资源教育的实际效果；网络新媒体所表现出的立体化感官体验加强了红色资源的吸引力、传播力、感染力。

大学网站的主要服务对象是大学生，而大学生正处于世界观、人生观、价值观形成的关键时期，大学网站内容必须充分考虑大学生全面健康的成长；大学网站的文化品位是和大学的性质和特点紧密相关的。大学网站更强调高雅、权威、可信，而不是为了吸引人的眼球低俗、炒作、造假。也就是说，校园网站除了担负着传播信息、提供教学平台、展示校园风貌等任务外，最主要的是还承担着大学生思想政治教育的任务。虽然红色资源

的传播渠道因网络时代出现的更多传播媒介而日益丰富，但在高校范围内，校园网站以及成立的主流红色文化网站依然要成为红色资源传播的最主要网络阵地。

（二）红色资源融入微信、微博

近年来，微信、微博已经成为数字化传播媒介的新代表，大学生群体是这些数字化传播媒介的使用群体。微博、微信的低门槛、低资费、方便性、公开性与及时性等特点恰恰满足了高校大学生的需要。他们通过微博、微信在网络上积极地表达自我、展现自我，参与到网络生活中。同时，微博、微信的风靡也悄悄地改变着高校大学生们的价值观、思维方式、行为模式与思想道德。针对这一现状，许多高校的信息部门也逐步将微博、微信这样使用范围极广的传播媒介应用延伸到学校的信息化建设中。红色资源融入微信、微博传播媒介要紧随时代发展不断创新，让"微渠道"红色文化育人与大学生微信、微博利用率同向增长。

高校要树立红色资源"微传播"的理念，利用"微技术"实现红色资源教育的"精准滴灌"。利用微博、微信大众化的特点关注受众的个人需求和接受程度。例如借助微信平台，教育者可以看到大学生对红色资源信息阅读后的留言与分享轨迹，从而判断他们对红色资源认知和理解的真实状态，有针对性地调整传播方案，以发挥红色资源的思想政治教育功能为大学生群体答疑解惑，帮助他们走出生活和学习中的困难，让红色资源真正起到渗透思想、启迪灵魂的作用。

学校应开通红色资源"微渠道"，提升红色资源传播影响力。传播渠道的完善与整合会对红色资源的传播起到事半功倍的作用。高校宣传部门应该牵头组建红色微博、红色微信等公众平台，积极拓展和优化红色资源的传播渠道。利用微博、微信平台开设红色资源专题微课，积极宣讲红色资源。微课以小视频的形式对教学重点难点进行讲解，红色资源专题微课的开设应该以学生为主体，鼓励学生去寻找红色资源相关视频资料进行课堂分享。

（三）红色资源融入网络直播软件

网络直播是基于互联网平台运作的媒介，特点是实时同步，即在线搭建传授双方同时在场的虚拟交流平台，复现线下面对面交流的场景，使传授双方得以在更便利的技术条件下参与、互动。网络直播受到大学生群体的欢迎是必然的，以图片、视频、符号为内容的交流形式更符合当今大学生的交流喜好；网络直播满足大学生交流的心理需求，对追求个性、喜欢表现的大学生来讲具有很大的吸引力。例如，湖南省第七届大学生艺术展演活动在长沙师范学院进行现场展演，来自省内43所高校的2000多名师生齐聚星城，共享艺术盛宴。本次现场展演活动为期2天，为拓展大学生艺术交流和学习的平台，还开启了同步直播和线上专栏展示（见图3-7）。

图3-7　艺术展演活动

红色资源融入高校网络直播平台，是将红色资源以新颖的表现手法展现在大学生面前。学校要鼓励学生结合当地红色资源，制作微视频。学校信息管理团队要利用红色资源提升直播平台信息的规范性和真实性。应该有选择地将红色资源信息融入自媒体平台，树立红色资源的权威性和政治性。教师要持续关注学生对红色资源短视频的评论与转发，必要时要在点赞评论区留言并陈述自己的观点，以此引导校园舆论导向，提高学生对红色资源的认同度。

知识链接

如何优选红色资源"微传播"内容

在进行红色资源"微传播"宣传教育的过程中，想要真正展现教育工作的价值，就应该对红色资源"微传播"内容进行优化和提炼。

1. 深入挖掘和分析红色资源内涵

在微时代背景之下，数据信息传递具备精简化、碎片化等特点，为了契合学生的个性特点，在红色资源宣传的过程中，不能长篇大论，而应该充分吸收红色历史经验，提炼当中的红色精神，将其作为主题。例如，新华社的9分钟微电影《红色气质》，便是以红色人物为主题，通过对红色人物记录和刻画，将红色人物的饱满形象跃然纸上，短小精悍的内容令人回味无穷。

2. 红色故事亲民化

在很长一段时间内，红色故事都以宣传片、教育片等形式存在，这就导致一些学生与红色故事产生距离感。在红色资源"微传播"模式之下，为了调动学生了解红色故事、参与红色资源学习的积极性，应该将红色故事亲切化，从厚重的红色历史当中获取具备人情味、新视角的红色故事，借助鲜活、灵动、趣味性的语言诠释红色故事内容，让红色故事变得更加为学生们理解和喜欢。结合大学生们的社会意识现状，立足现实，用大众化的口吻来讲述红色故事。可以适当使用一些大学生们喜闻乐见的网络词汇，如"厉害了我的国！"引入学生喜闻乐见的内容，拓展红色文化的亲和力和感召力。

3. 红色资源潮流化

在实施红色资源"微传播"内容选择的过程中，应该结合广大学生的兴趣喜好，将一些潮流化的红色资源内容进行渗透。当前我国社会各个领域都积极以红色资源作为题材开展相应的创作，所以教师可以将当前火热的动画、网络剧、电视剧、电影、歌曲等诸多文艺样式向广大学生定期推送。例如，借助动画轻松诙谐的比喻方式和叙事形式，将优秀网络动画作品《那年那兔那些事》通过剪辑等方式推送给广大学生，让广大学生了解新中国百年奋斗史，用学生们喜闻乐见的形式来诠释红色文化经典，为红色文化教育注入强大生命力。

第四节 校本红色资源融入高校实践育人分析

一、实践育人视域下高校红色教育的内涵

"实践"概念是哲学的基本范畴，最早来源于希腊文。在《现代汉语词典》中，"实践"有两层意思，一是指人们有意识地从事改造自然和改造社会的活动；二是指实行（自己的主张），履行（自己的诺言）。马克思在《关于费尔巴哈的提纲》中系统阐述了自己关于实践的观点，认为实践指的是人们有目的地认识和改造客观世界的一切物质性活动。

在高校中，大学生的实践主要是指各种有目的、有意义的实践活动，包括课程实践、专业实习、社会调研、志愿服务、勤工助学等种类多样的实践活动。大学生的实践不仅具有社会历史性、直接现实性、主观能动性等一般实践的共同特性，还有自身的独特之处。一方面，大学生作为实践的主体，正处于价值观形成并确立的关键时期，参加实践活动对他们有诸多积极影响。另一方面，大学生以往接受的教育大多是以理论学习为主，对于实践能力的训练较少，参加实践活动能够帮助大学生提升理论联系实际的水平，促进大学生的全面发展。

　　"育人"从字面上来看就是教育人、培养人、塑造人、改造人的意思。"育"的思想在我国有着深厚的历史渊源，"育"字在汉语词典中有三种解释：一是生育之意，二是养育之意，三是指按照一定的目的长期地教导和训练，如德育、体育等。在高校，"育人"就是指遵循国家对人才培养的目标要求，严格落实立德树人的根本任务，通过教育教学、社会实践、心理健康、管理服务等方面，提升大学生的专业素质和综合素质，促进大学生全面发展。我国始终坚持把育人工作放在党和国家事业的重要位置，提出的"为党育人、为国育才""育人为本、德育为先""德智体美劳五育并举""培育时代新人""三全育人""构建十大育人体系"等一系列教育方针和教育理念，有力地促进了我国高等教育的高质量发展，为实现中华民族伟大复兴培养了一批又一批的建设者和接班人。

　　"实践育人"是一个由"实践"和"育人"合成的词语，它是以"实践"为基础，结合当前高等教育发展要求和人才培养需要而衍生出来的概念。"实践育人"作为"十大育人体系"的重要组成部分，是高校提高人才培养质量的重要环节，也是高校开展思想政治教育的有效途径。

知识链接

实践育人的基本特征

　　实践育人作为一种重要育人方式和教育理念，与高校的课程育人、科研育人、文化育人等相互补充、相互促进，具有实践性、能动性、开放性等基本特点。

　　1. 本质属性——实践性

　　马克思认为"全部社会生活在本质上是实践的"，这也就决定了实践性是实践育人的本质特征。与课堂上主要依靠书本灌输式的理论教学不相同，实践育人最大的特征也是最大的优势，就是充分发挥了人的能动性，使大学生可以在亲身体验、亲手操作、亲自行动、亲身经历的实践中学习相关知识，提高实践能力，增强综合素质。

2. 主体属性——能动性

高校实践育人的能动性也就是大学生的主体能动性，指在高校实践育人活动过程中，大学生是实践育人活动的主体，通过鼓励大学生积极参与、自主设计相关实践活动，以充分发挥大学生的积极性、主动性、能动性，从而使大学生在实践活动中真正受益。

3. 社会属性——开放性

开放性是高校实践育人的重要特征，主要表现为两个方面：一方面是高校实践育人活动过程的开放性。高校实践育人尊重大学生多样化的个性与发展需求，其时间范围、空间界限、教育内容、开展形式、考评方式等都是开放的。另一方面是高校实践育人结果的开放性。因为实践育人是师生共同参与、共同学习、共同建构的实践过程，过程中学生的兴趣是否得到激发、知识是否得到增长、能力是否得到提高，这些是不能完全预设的。

案例

长沙师范学院"行走的思政课堂"在井冈山开课

首夏犹清和，芳草亦未歇。2023 年 7 月 1 日至 7 月 4 日，长沙师范学院思想政治理论课社会实践暨"行走的思政课堂"在井冈山开课。

7 月 1 日，师生到达炎陵县水口镇叶家祠。这里是毛泽东同志 1927 年 10 月率领工农革命军到达的地方，他在此主持了连队新党员入党宣誓仪式，落实了党指挥枪的原则，确保了党对军队的绝对领导。全体师生在此重温入党誓词。

当天，全体师生还参观了中国第一个红军标语专题博物馆——炎陵红军标语博物馆。该博物馆以炎陵县境内红军长征期间历史标语为主题，有标语墙展、实物展、图片展等单元，展示了炎陵的红色历史和革命烈士的光辉业绩。

烈士忠魂铸丰碑，矢志为国终无悔。7 月 2 日上午，全体师生来到井冈山革命烈士陵园。井冈山革命根据地是土地革命战争时期，中国共产党在湖南、江西两省边界罗霄山脉中段创建的第一个农村革命根据地。它是革命军"工农武装割据"的战略阵地，是毛泽东"农村包围城市，武装夺取政权"战略思想的发源地。在题有"井冈山根据地革命先烈永垂不朽"的纪念堂里，全体师生向革命烈士鞠躬悼念，表达对英雄们的深切缅怀和崇高敬意。师生登上"天下第一山"——井冈山，参观井冈山革命烈士纪念碑，深深感触到无数先烈抛洒青春热血，献出宝贵生命，坚定不移跟党走的初心和使命。

下午，师生来到井冈山革命博物馆，学习井冈山革命斗争史。井冈山斗争时期的共产党人，成功开辟了中国特色的革命道路——井冈山道路。

7月3日上午，师生来到茅坪村、龙江书院，进一步接受革命精神洗礼。在茅坪村八角楼上，毛泽东当年借着清油灯一根灯芯的微弱灯光，写下《中国的红色政权为什么能够存在?》《井冈山的斗争》两篇光辉著作。一根灯芯的清油灯燃起的虽是星星之火，却与天上的北斗星一样为中国革命指明了方向。龙江书院是朱毛会师的见证地，是中国人民解放军军政院校的摇篮，为湘赣边界工农武装割据斗争培养了一大批优秀的军政人才，在红军教育史乃至党史、军史上具有重要地位。

下午，师生来到黄洋界。黄洋界游客展厅展示的一幅亚洲最大单幅油画——《黄洋界保卫战》，让大家感受到了战争的激烈、战士们的英勇无畏。

7月4日，师生来到红军造币厂。红军造币厂的建立开创了红军自己制造货币的先河，打破了敌人的经济封锁，解决了红军的部分军费来源。

经过此次思想政治理论课社会实践，同学们纷纷表示获益良多。一座山辉映历史，一种精神照耀未来。当代青年大学生应当坚定理想信念，铭记初心使命，大力弘扬井冈山精神，争做新时代接班人!

二、红色教育实践在思想教育中的重要作用

习近平总书记在党的二十大报告中提出："要用好红色资源，深入开展社会主义核心价值观宣传教育，深化爱国主义、集体主义、社会主义教育，着力培养担当民族复兴大任的时代新人。"红色资源博大精深、底蕴深厚、内涵丰富，蕴藏着巨大的德育价值，为高校德育工作的开展提供了具有教育价值的物质载体、价值引领及精神指导。

(一) 以红色实践教育人，促进红色资源的"内化"

实践是理论"内化"过程的重要环节，加强红色文化育人实践，注重

知行合一，能够让学生与红色革命历史进行对话，让他们在令人信服的历史事实面前去感知、去体会，让革命历史在可亲、可触中，给学生留下更真切的感受和更深刻的印象，使其受到启发，产生共鸣，逐步搭建起认知结构，进而将其内化为学生个人的思想素质，从而不断增强文化自信，坚定理想信念，推动中国特色社会主义建设事业不断前进。"热爱祖国、无私奉献，自力更生、艰苦奋斗，大力协同、勇于登攀"，这是"两弹一星"的精神内涵，也是长沙师范学院"特立青年"志愿服务队的队员宣讲的最重要内容。宣讲员通过提问互动、视频、图文等多种形式，与同学们一起回顾老一辈科学家在举步维艰的局势下开展"两弹一星"事业研究的艰苦，运用大量事实案例与同学们一起理解学习"两弹一星"的精神内涵，引领学生们养成"热爱祖国、顽强拼搏、锐意创新、求真务实、团结合作"的科学精神。

（二）以红色实践培养人，提升大学生对红色资源的认同感

红色育人实践可以充分激发和调动大学生的参与意识，引导他们主动走进红色历史、感悟革命精神、传承红色基因，帮助他们坚定理想信念、厚植爱国情怀、培育敢为人先的创新精神和创新意识，加强对道德观念、政治理论的正确认识，深化对中国历史文化的认知，强化民族认同与国家认同，进而形成对红色资源的认同感。同时开展红色育人实践可以不断提升思政课的吸引力、感染力，有利于增进学生对红色资源的政治认同、思想认同和情感认同。

（三）以红色实践激励人，增强大学生的责任感、使命感

铭记历史，传承精神。在红色育人实践过程中既要不断增进对红色内涵的了解，又要学以致用，在实践中出真知、长才干。通过理论与实践的结合，帮助大学生实现从感性到理性、从情感体验到意志锤炼、从视觉震撼到内心激荡，由浅入深地自觉提升思想境界，从而使其心灵得到净化。激励当代大学生前仆后继、接续奋斗，以良好风貌和实际行动积极投身改革开放伟大实践，并将红色精神融入服务社会的具体工作中，关心时事，关注国情，增强国家使命感和社会责任感，在实现中华民族伟大复兴的实践中得到培养锻炼，将受教育、长才干、作贡献有机地统一起来。

三、校本红色资源实践育人路径建设

文化作为人类社会的产物，由人所创造，同时也影响着人们的生活。可以说，人的塑造、人的全面性再生产是文化的第一位功能。面对大学生全面发展的需要，学习红色资源就不应仅仅停留于理论层面，更重要的是运用所学理论知识来指导个人发展。通过学习红色资源，实现从"知"到"情"到"意"再到"行"的转化，从对红色文化的基本认知到产生价值认同，再到实际运用产出成果，最终实现践行的目的，同时也达到育人的效果。

（一）红色实践活动开展定期化

积极开展红色教育实践活动，将其纳入大学生社会实践活动之中并定期化、常态化开展。在重要时间节点、重大历史事件纪念日以及重要节假日等时间点，开展红色主题线上线下活动、赛事等营造氛围，乘势形成热门话题和青年人关注的大 IP（Intellectual Property，知识产权），放大宣传效果，让红色资源融入学生的日常生活。如在清明节开展缅怀先烈、扫墓祭奠活动；在建党节等纪念日把大学生入团、入党的宣誓仪式安排到红色教育基地、革命文物遗址等地进行；在寒暑期通过"三下乡"等活动让学生到革命老区进行红色精神宣讲，为老百姓讲解当地红色文化；定期组织大学生深入当地社区、企业、农村开展志愿者服务活动等。如长沙师范学院"文小星"暑期社会志愿服务团携手黄兴新村老教师松鹤工作室，带领暑期少儿免费讲习班的 40 余名师生进行了"探寻伟人足迹，坚定理想信念"主题红色研学活动，丰富当地孩子们的暑期生活，激发孩子们的家国情怀，给孩子们带来了一次不一样的学习体验。红色研学，厚植爱国情怀，是"文小星"进行爱国主义教育以及落实湖湘文化课程体系的重要手段之一。此前，"文小星"已开展楚文化、湖湘学派、湖湘名人等课堂讲学，通过开展扎染、湘绣、傩面具舞蹈、鱼灯、花灯、造纸术等湖湘非物质文化遗产活动来传承和弘扬湖湘精神。定期开展红色实践活动，使大学生在具体化、经常化的活动中受到潜移默化的教育，从而引领他们树立正确的人生价值观。此外，文学院"四叶草"志愿服务队赴安化县沙田溪村开展"七彩假

期"暑期社会实践活动,活动聚焦农村少年儿童政治启蒙和价值观塑造,依托丰富的校本红色资源、博大精深的中华优秀传统文化和独特的地方民俗文化,以爱国主义教育为主旋律,以红色教育、传统文化教育、地方民俗文化教育为重点,以环境创设、校本红色与地方特色文化资源开发、活动体验为载体,打造"情景体验式"阵地,开设"主题互动式"课堂,设计"寻踪闯关式"研学路线,形成"阵地+课堂+研学"育人路径,旨在实现环境育人、课程育人、实践育人,帮助农村儿童在心中筑牢红色信仰,做国学文化的传承者,做德智体美劳全面发展的社会主义建设者和接班人。

案例

五所师范院校师生齐聚宁夏固原:在"行走的思政课堂"中感悟思想伟力

2023年7月,在宁夏六盘山红军长征纪念馆、将台堡红军长征会师纪念碑……来自全国五所师范院校的师生们在"行走的思政课堂"中感悟思想伟力,汲取奋进力量。

湖南师范大学、长沙师范学院、闽南师范大学、怀化学院、宁夏师范学院五所高校的60多名师生齐聚宁夏固原市,联合开展"习近平总书记与大学生在一起"学习分享活动暨教育部"师范教育协同提质计划"第八组团大学生暑期社会实践活动。

在红军长征的胜利结束地、新长征的出发地——六盘山,实践队员们通过徒步2.5公里红军小道、聆听革命故事、参观六盘山长征纪念馆,学习中国共产党人艰苦斗争、浴血奋战的历史,感受"不到长城非好汉"的革命精神。

实践队员们在西吉县将台堡红军寨开展劳动教育活动,在隆德县杨氏彩塑艺术馆现场感受非物质文化遗产的魅力,在挑水浇树、泥塑制作中,感受着劳动的乐趣。

依托固原本地丰富的红色文化资源,活动还安排宁夏师范学院马克思主义学院的多名教师分别在单家集、红军长征青石嘴战斗纪念碑广场等地现场教学。宁夏师范学院的实践队员李欣岚告诉记者,这次来现场体验,让大家与革命先辈们产生了一种情感上的共鸣,对学到的党史知识理解得也更加深刻了。

这是一次非常鲜活的思政体验活动，不仅培养了学生的生活技能和劳动素养，还让大家亲身感受到革命前辈们的吃苦耐劳精神和革命精神。

2022 年，教育部启动实施"师范教育协同提质计划"，宁夏师范学院入选教育部"师范教育协同提质计划"重点支持院校。宁夏师范学院团委负责人表示，这次活动注重打通学校间的壁垒，以合作学习小组的形式，让同学们带着问题、带着思考，在"行走的思政课"中受教育、长才干。

（二）红色实践活动开展多样化

以"红色"为主题，推出大学生容易接受的体验性、参与性强的红色产品和项目，让学生在参与中感受红色资源的无限魅力。可通过开展红色足迹探寻、红色经典重温、红色历史情景再现等活动，让青年学生从历史旁观者变为参与者，重温在烽火连天岁月中革命前辈前赴后继、艰苦卓绝的奋斗历史，对培养大学生的爱国精神、塑造吃苦耐劳的坚毅品格将起到重要作用。这类活动的开展不同于普通的出行游玩，而是一个研学过程，大学生需完成主题讨论、撰写心得体会或研究报告等研学任务。通过研学让他们带着思考去感受历史，唤起共鸣，汲取力量，从而让革命精神涤荡青年心灵，使红色基因融入青春血脉。如长沙师范学院学前教育学院党委动员全院学生党员、团员自由组成 8 队，前往长沙市 8 处名人故居开展"访名人故居　传红色家风"研学活动，缅怀革命先烈，重温革命历史，采集名人家训，传承红色家风。响应学校"幼学—家学—女学"一体化现代教育治理模式推进，积极打造"沉浸式家风养成课堂"，部署"党旗映学前"系列主题活动，"访名人故居　传红色家风"研学活动是其中的一个主题，学院拟组织师生在一年时间内，走遍湖南 13 个地级市、1 个自治州的名人故居，做到"访一处故居，采一段家训，受一次熏陶"。这八支队伍是此次主题研学活动的先锋队，后续将号召全院师生在节假日，利用返乡、旅游、实习等机会，走访当地名人故居，采撷名人家风。

（三）红色文化实践活动开展时代化

针对当下大学生的思想实际和问题困惑，结合大学生思想变化的特点和趋势，多策划主题突出、内容丰富的红色教育活动，让大学生在既有理性又有亲和力与温度的红色实践活动中，体会红色资源的永久魅力和时代风采。如组织大学生到红色实践基地开展现场教学，利用红色资源的鲜活事例和真实历史场景，激发学生情感的"触发点"和思想的"共鸣点"，增强感染力；围绕红色文化题材，鼓励大学生自编自导自演红色短剧、红色歌谣、红色舞剧等红色文艺作品，审核通过后进行展演，增强体验性；通过开设红色开放课堂，开展红色书籍阅读、红色书画创作、红色人物学习等活动，让大学生获取更加生动鲜活的红色资源，增强其主动性。通过与时俱进地开发和优化红色实践教学内容，不断增强红色资源吸引力和凝聚力，引导大学生传承红色基因、赓续红色血脉。

案例

探寻红色足迹　践行青春使命

长沙师范学院信息科学与工程学院"星火先锋"志愿服务队积极响应2023年全国大学生暑期"三下乡"社会实践活动号召，于7月9日—21日奔赴果园镇开展了"讲述红色故事，续写青春华章""寻访田汉故里，体悟爱国情怀""品读红色经典，传承红色印记"等系列活动，让红色故事播撒在大地上，让青春之花绽放在乡野间（见图3-8）。

讲述红色故事，续写青春华章

田汉秉笔直书，用戏剧和歌词发出中华民族的呐喊；刘英赤胆忠心，用娇小的身躯捍卫共产党人的誓言；徐特立坦诚无私，用三尺讲台点燃革命星火。红心宣讲队队员们带着他们的故事走进田汉文化园、长沙有机谷基地种植园、花果村社区、田汉社区、田汉小学等地，让红色故事激荡青春力量，让红色文化浸润人心。

寻访田汉故里，体悟爱国情怀

队员们用脚步寻访田汉故里，用镜头记录红色历史，脚踏青石路，走进田汉艺术馆，领略田汉先生的创作之路，品悟田汉先生锲而不舍的"湖南牛"精神，见证文化的发展；沿着月光湖，步入田汉故里，队员们参观了田汉先生的成长环境，切实体会田汉先生艰苦的奋斗史，感悟并汲取其在革命中锤炼出的不朽意志与奋斗力量。砥砺百年犹未老，峥嵘进击正风华，生逢盛世，吾辈青年必将奋发进取，怀揣雄心壮志迎接新时代的阳光。

品读红色经典，传承红色印记

"红军不怕远征难，万水千山只等闲……"教室里，琅琅诵读声，悠悠入耳来。红心宣讲分队的志愿者们将红色故事带进课堂，通过红色经典问答、诗词接龙等趣味游戏学习红色诗词、红色绘本，让小朋友们在学习中感悟、在实践中成长，在他们心中播撒下爱党爱国的"红色种子"。

"今后，我将以革命先辈为榜样，延续先辈的不怕苦、不怕累、不怕牺牲，敢于担当的精神，好好学习，成为一个顶天立地的人，为国家做贡献！"支教班杨芷涵在课后满腔热血地说道。

图3-8 参观先辈旧址

走先辈旧址，讲红色故事，传革命力量。长沙师范学院信息科学与工程学院"星火先锋"志愿服务队先后对当地红色遗址、红色人物进行采访调研，累计完成《丹心许国平生志，少年诗心最是真》等红色微党课2部，已前往长沙有机谷基地种植园、果园文化站、田汉小学、果园镇中心小学、果园中学、花果村村民委员会、田汉社区居民委员会等地开展红色故事进果园活动7场，总计参会人数近500人。团队成员用青春风华书写使命，赓续红色血脉，让红色文化在新征程上焕发时代光芒。

（四）红色文化实践活动开展平台化

网络环境下，自主学习渐渐成为一种主流学习趋势。可以安排大学生在网络上查找观看一些红色题材的音乐、影视作品，并鼓励他们拍摄大学生视角下的革命英雄故事及展示"老区新貌"的视频，通过自主学习的方式让红色育人春风化雨，润物无声。生活在移动互联网时代，大学生已然离不开网络，因此高校应根据大学生的喜好，搭建红色资源网络平台，让他们通过手机阅读、论坛讨论等形式分享交流相关的心得体会，促进互动式学习。长沙师范学院学前教育学院已开通微信专属名人故居研学分享圈，目前已有120余人撰写、发表研学心得。这不仅是心得和感悟的简单记录，更是全院师生浸润伟人家风、感悟伟人力量，将自身成长融入学校"幼学—家学—女学"发展的行动自觉。充分利用5G+VR、全息投影、多点触摸屏、人景物声光色逼真场景等网络信息技术，实现红色资源"陪伴式""沉浸式"体验，打破时空界限和情感隔膜，激发大学生的红色文化记忆与使命担当。另外，还可以利用网络平台健全正向激励机制，评估学生学习效果。如将每位同学进入网站的次数及表现作为考核依据，在比学赶超氛围中激发大学生传承红色血脉的内生动力。

思政园地 ---------------------------------->

在党史学习教育中，要充分运用红色资源，教育引导广大党员、干部坚定理想信念、筑牢初心使命，不断增强斗争精神、提高斗争本领，做到在复杂形势面前不迷航、在艰巨斗争面前不退缩。

——2021年3月7日，习近平在参加十三届全国人大四次会议青海代表团审议时的讲话

第 四 章

新时代高校校本红色资源育人机制研究

我觉得应当培养敢于发挥其个性，有头脑辨别是非，有主张，有试验，有创造，有行动的青年。

——徐特立

◆**知识目标**

熟悉校本红色资源全员育人机制。

了解红色资源融入第一、二、三课堂的途径。

◆**能力目标**

把握在校期间"特立精神"的融入路径。

向榜样看齐，争做榜样代表。

◆**素质目标**

注重培养独立思考和解决实际问题的能力，传承与弘扬"特立精神"，担当时代使命，争做时代先锋。

案例导入

徐特立纪念室落户衡阳县岣嵝乡

"徐特立纪念室开放啦！"刚放暑假，一群孩子欢呼雀跃地结伴走进位于衡阳县岣嵝乡"徐特立纪念室"（见图 5-1）。2023 年 7 月，由衡阳县岣崃乡人民政府与长沙师范学院共建的徐特立纪念室正式对外开放（图4-1）。

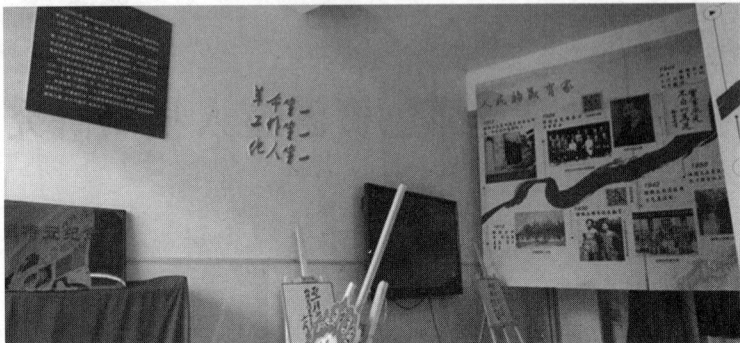

图4-1　徐特立纪念室一角

衡阳县岣嵝乡是湘南地区第一个农村党支部——中共神皇山支部旧址所在地，当时的支部书记戴今吾带领乡亲们把农民运动搞得轰轰烈烈，快速推动了农村革命运动的蓬勃发展。长沙师范学院是伟大的无产阶级革命家、杰出的人民教育家徐特立于1912年所创办的，百年发展历程中涌现了柳直荀、罗学瓒、陈章甫、蒋长卿等40多位革命先烈，培养了以国歌词作者田汉、开国大将许光达、长征女杰刘英、著名作家廖沫沙等为杰出代表的大批栋梁之材。这次，衡阳县岣嵝乡人民政府牵手长沙师范学院携手共建"徐特立纪念室"，融汇地方红色资源与百年红色学府红色文化，打造乡村红色文化新地标，赓续精神血脉，让红色基因薪火相传。

据悉，为筹备建设好首个"徐特立纪念室"，校地双方就展馆布局、展陈内容等多次沟通协商，按照有内涵、有设备、有特色"三有"标准打造"徐特立纪念室"，内设徐老生平主题纪念展、特立精神"六个一"红色双语主题展、徐老双语师教故事展、校史红色文创展等四大展区，向当地村民、儿童等全面诠释徐特立老校长"革命的一生、伟大的一生、光荣的一生"，将红色资源带到乡村，走进百姓视野。

走进纪念室，呈现在眼前的是那一幅幅徐老的旧照片，仿佛带着我们穿越了时空，又回到了那段峥嵘岁月。徐特立生平主题纪念展以时间为线索，以历史为纲，构建"坚强的老战士、人民的教育家、当今第一圣人"三个主题板块，再现徐老教育历程和革命岁月的重要场景，以图声并茂、史实感悟相融合的方式全方位打造"沉浸式"红色展览，在无形之中将特立精神的内涵传播给当地百姓和小朋友们。

在特立精神"六个一"红色双语主题展区，一本特立文化双语宣讲册特别显眼，翻开名为"火种"的宣传册，那一张张泛黄的老照片、一件件熟悉而又陌生的老物件……都仿佛在诉说着徐特立老校长那一段段光荣的历史、一个个动人的故事，生动地折射出了峥嵘岁月里徐老对党忠诚、不负人民的家国情怀。

"半截粉笔尤爱惜，公家物件总宜珍。诸生不解余衷曲，反谓余为算细人。Even half a length of chalk is a treasure, Being frugal with public property should always……"在具有丰富内涵和深刻教育意义的徐老双语师教故事展区里，志愿者们用听得懂、记得住、悟得出的双语方式为孩子们讲述一个个特立师教小故事，让小小的童心在寓教于乐、寓教于趣的过程中感受到红色文化的魅力，传播革命火种，赓续红色血脉（见图4-2）。

图4-2　志愿者们正在为乡村小孩讲述革命老爷爷徐特立的故事

在校史红色文创展区内，陈列着由长沙师范学院徐特立纪念馆捐赠的一批与徐特立老校长相关的书籍《圣人风范徐特立》《坚强的老战士》《人民教育家徐特立》……摆放着长师手绘原创明信片、徐老纪念书签等学校特色文创产品，播放着"特立火种"大学生志愿服务队原创红色教育主题戏剧《追寻百年历程　致敬特立荣光》，孩子们纷纷来到这里排着队打卡留念。

本次校地共建首个乡村"徐特立纪念室"，是长沙师范学院外国语学院推进"三全育人"工作，传承红色基因，弘扬红色文化的有力实践。

近年来，外国语学院成立了"特立火种"大学生志愿服务队，赓续红色血脉，结合专业特长赋能乡村振兴。他们登上雄伟壮丽的岣嵝峰，用四国语言向大家讲述岣嵝峰的历史和红色文化故事；他们与乡党委书记、乡长齐上阵，通过抖音直播推介岣嵝乡高山黄桃，为渣江米粉、腊肉等当地原生态农副产品代言；他们充分发挥校地红色资源优势、推进红色教育资源共享，采用"特立精神＋新文明实践"与"人物＋故事＋互动"新融合模式，将长沙师范学院的"徐特立纪念馆"部分藏品复刻到岣嵝乡，打造"沉浸式"红色展厅，让更多的乡村百姓和孩童了解徐老的"三个第一"精神和博大的教育思想；他们编排原创红色教育主题戏剧《追寻百年历程致敬特立荣光》在神皇村党支部旧址上演，舞台上，"徐老断指怒写八字血书""徐老半百入党投革命""徐老发鬓斑白走长征"……他们将一段段动人的故事演绎得跌宕起伏，让在场的村民和孩童们身临其境回到那段峥嵘岁月，真切感受到革命先辈的崇高风范。

自 2019 年以来，长沙师范学院外国语学院每年都会选派一批大学生志愿者来到衡阳县岣嵝乡开展暑期社会实践，他们就像"火种"一样扎根乡村，发挥自身专业优势，传承红色文化，播种知识，助力乡村振兴。此次特立纪念室建设，丰富了岣嵝乡的乡村文化，成为当地红色文化的新地标，徐特立先生"三个第一"的精神和博大的教育思想也将在这里生根发芽、结出硕果，推动乡村文化振兴，助力乡村又快又好发展。

习近平总书记在全国高校思想政治工作会议中指出："坚持把立德树人作为中心环节，把思想政治工作贯穿教育教学全过程，实现全程育人、全方位育人。"落实立德树人根本任务，就是要将教育工作的主线和中心，融入思想道德教育、文化知识教育、社会实践教育、创新创业教育各方面，贯穿基础教育、高等教育、职业教育全过程，做到人员上无懈怠、空间上无死角、内容上无遗漏、时间上无空当。

通过将特立精神融入全员、全过程、全方位育人，调动一切育人因素，为学生打造全方位、立体式的育人时空，形成素质教育的"大熔炉"，让学生真切地感受伟人身上折射出来的爱国、科学、革新、奋斗和治学精神，找出自身短板并不断完善提升，不断奋力成长为德智体美劳全面发展的社会主义建设者和接班人。

第一节　校本红色资源全员育人机制

全员育人，即从育人参与主体维度考虑，统筹学校、家庭、社会及学生各方力量广泛参与到育人工作中。调动一切可以调动的力量，使他们参与到学生德育工作当中来，形成一个全员参加、责任明确、分工协作的教育群体，形成一个目标明确、要求一致、管理严密的德育工作领导管理体系。全员育人是全方位、全过程育人的基础和前提。结合特立精神育人实践，高校尤其要充分发挥一线专任教师的主体作用，广泛动员管理服务人员、教辅人员、后勤人员、优秀校友、校外优秀师资的积极参与，同时也要遴选优秀朋辈，发挥传帮带作用，加强学生组织建设，并引导学生主动学习和自我教育。图 4－3 所示为特立精神融入全员育人的实践路径。

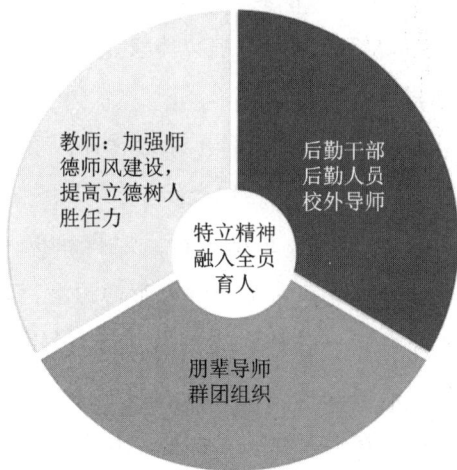

图 4－3　特立精神融入全员育人的实践路径

案例

马克思主义学院 2023 级新生参观徐特立纪念馆

为了让学生能够更全面、系统、深入地认识和了解徐特立先生，长沙师范学院将学习徐老精神纳入教育教学计划，2023年9月23日下午4点，马克思主义学院组织全体新生参观徐特立纪念馆（见图4-4）。

图4-4 新生参观徐特立纪念馆

1912年，我国革命家、教育家徐特立先生创办了长沙县立师范学校（长沙师范学院前身）。为缅怀徐老的丰功伟绩，继承、弘扬徐老教育思想，践行徐老"革命第一，工作第一，他人第一"崇高精神，学校积极开展大量活动，引导全校师生学习、研究、传承徐老精神，于20世纪80年代在校内设立了徐特立纪念室，并积极筹建纪念馆。

同学们排列整齐，走入徐特立纪念馆，仰头注视着徐特立半身铜像，目光如炬，炯炯有神，给人带来的是一种无形的力量。跟随讲解员的脚步，同学们在一幅幅图文字画，一件件历史遗物，一段段感人事迹中了解到徐特立先生光辉的一生。讲解员还简明扼要地概括和介绍了徐特立的教育思想及其特色，以及徐特立在中国近现代教育史上的影响。

在这一堂生动的课上，同学们通过纪念馆内图文并茂的展示、讲解员精彩的讲述，了解到徐特立"光荣的一生，伟大的一生，革命的一生"，感悟到了徐老"三个第一"的精神值得当代学生永远学习。

2023级思政401班的李凯同学兴奋地说道："听到要去特立馆参观的消息的时候，我的内心是非常激动的。在学姐耐心细致的解说下，我深刻地了解到了'革命第一，工作第一，他人第一'的特立精神。作为长师学生的我们，更应该不断去学习和践行这种伟大的精神。"

2023 级思政 402 班的刘菁同学说道："在纪念馆中，当我看到他书桌前的那张椅子中间已经完全被坐塌时，我的内心是震撼的，那一位不懈求索、为革命、为国家奉献一生的革命家、教育家仿佛出现在我面前，这也让我立志做一名优秀的人民教师的信念更加坚定。"

此次参观徐特立纪念馆，不断激励着同学们传承红色基因、汲取奋进力量，学思用贯通、知信行统一，在新时代党和国家的事业中彰显新担当、新作为、新风采。

一、特立精神引领师德师风建设

百年大计，教育为本；教育大计，教师为本；师德师风，为师之本。徐老曾说："我是一个极不爱写文章的人。"但是，文章合为时而著，徐老一边推行"教育救国"实践，一边"为天地立心，为生民立命"，不仅成为伟大的无产阶级革命家和教育家，更成了真挚淳朴的诗人和有远见卓识的文人，五卷本的《徐特立文存》即最好的体现。诗以言志，徐特立发出了"丈夫落魄纵无聊，壮志依然抑九霄。非同泽柳新秭弱，偶受春风即折腰"的豪迈誓言，现存的 30 篇《校中百咏》，无不体现出他对学生的春风化雨和润物无声；歌以传情，"莫谓乡村阻力多，盘根错节须能手。莫谓乡村馆谷薄，树人收获金如斗。""静心学业，静心学业。发放我历史之光荣，效忠祖国，效忠祖国，永获光荣果。"《长沙县立师范毕业歌》《周南女校校歌》等，更体现了徐老对学生的谆谆告诫和殷殷期望。习近平总书记在党的二十大报告中指出："加强师德师风建设，培养高素质教师队伍，弘扬尊师重教社会风尚。"教师是学生锤炼品格、学习知识、创新思维、奉献祖国的引路人，要成为学生的引路人，教育者先要受教育，教师自身政治要强、情怀要深、思维要新、视野要广、自律要严、人格要正。除任课教师外，辅导员队伍是高校最重要的德育力量之一，也是大学生在大学校园里接触最紧密的人群之一。新时代高校思想政治教育工作要充分发挥全体教师主体作用，尤其要突出辅导员重点角色作用，以师德师风建设为抓手，发挥全体教师育人的积极性，引导全体教职工以身作则、学高身正、为人师表。

徐特立被称为"人民的教育家"，更是共和国教育事业的奠基人，特立精神是高校开展师德师风教育的宝贵素材。"特立精神"引领师德师风，可结合师德师风有关制度建设，探索将"特立精神"融入招聘、培训和考核等关键环节。在教师聘用工作中，可以以徐特立教育思想为指导，把好思想道德水平和政治素养关，聘用具有高尚道德品质、高水平政治理论素养、扎实专业知识和良好学术素养的教师。在培训工作中，通过政治理论课、专题讲座、参观展览等形式组织教师学习徐特立等名师德育思想和教育理念，提升教师德育意识与能力，引领教师深刻理解教书育人的意义和价值，坚定政治立场，坚持以身作则；通过各类专业化的培训和职业教育提升教师在科研指导、谈心谈话、授课教学等方面的职业素养，具备开展思想政治教育工作的综合性知识储备和业务能力。在晋升考核工作中，把政治素养、理想信念和师德师风作为职称评选、选拔任用干部、班主任和各类导师时的首要准则，奖惩结合，选树模范，营造人人争做、人人能做立德树人典范的氛围。推进以特立精神为引领，引导教师养成自我学习、自我提升的能力，进而坚定教育信仰，培育教育情怀。例如，长沙师范学院学校党委理论学习中心组赴西柏坡、红旗渠开展红色教育，领略了中国共产党在西柏坡时期波澜壮阔的奋斗史诗以及坚贞不渝的共产主义信仰，重温了"新中国从这里走来"的辉煌历程，深刻领悟"牢记两个务必，永葆赶考精神"的丰富内涵和现实意义，认真学习"谦虚谨慎、艰苦奋斗、实事求是、一心为民"的西柏坡精神，砥砺奋进新征程的思想自觉和使命担当。此次红色教育既是凝心铸魂强根基、团结奋进新征程的一次缩影，更是面对新的发展机遇，永葆昂扬精神，助力学校高质量发展的助推剂。学习过程中，学校党委理论学习中心组成员一致表示，在今后的学习、工作中，一定以西柏坡精神和红旗渠精神为砥砺，结合学校百年红色血脉和"特立精神""长师精神"，擎旗奋进、踏浪前行，以实干实绩，为学校更高质量、更高水平发展贡献新的、更大的力量。

学校全体教师应注重政治理论学习，深入研读徐特立相关著作，提高自身思想政治教育水平，将"特立精神"的时代内涵融入教育教学过程，加强与学生交流，常与学生接触、谈话，了解学生学习状况、生活状况、心理状况、思想观念等，并给予引导和建议，促进学生全面健康发展，真正担当起学生成长过程中的引路人角色。任课教师要坚定政治立场，提高自身道德修养，充分发挥标杆示范作用，在日常教育教学过程中，结合新时代大学生成长成才需求，创新教育理念，完善实践教学形式，丰富课堂教学方法，深入领会和落实课程思政要求，通过自身人格魅力感化课堂、感化学生，言传身教，潜移默化地影响学生的处世态度与思想观念，让知识在无声中传播，让思想政治教育在无形中取得实效。辅导员应当在学习传承特立精神过程中，不断拓宽知识储备，如马克思主义哲学、教育学、心理学及新闻、管理、社会学等多学科知识，如长沙师范学院学习组在枣园旧址的"一号教学点"旁，聆听《延安窑洞里有马列主义》现场教学，了解毛泽东思想的形成与发展，马克思主义中国化如何指引中国革命走向胜利；在杨家岭革命旧址的中共"七大"旧址前，聆听《"窑洞对"与跳出治乱兴衰历史周期率第二个答案》现场教学，针对不同的时代环境，辩证地应用各类学科知识，与时俱进，锐意创新，不断提升育人工作业务能力、组织管理能力、语言文字表达能力、教育教学引导能力、调查研究能力、危机管理能力等，提高立德树人胜任力。

知识链接

坚定理想信念，铸牢立德树人之"魂"

从好老师要"有理想信念"到要"做学生奉献祖国的引路人"，再到要有"心有大我、至诚报国的理想信念"，习近平总书记对教师理想信念的要求不断具体、明晰、丰富。深入贯彻落实习近平总书记的重要讲话精神，引导和促进广大教师坚定理想信念，不断铸牢立德树人之"魂"，是新时代高校师德师风建设的首要任务。要让教育者先受教育，坚持不懈用习近平新时代中国特色社会主义思想武装教师头脑、指导教师行动，不断提升理论修养和思想政治素质，补足精神之钙，把稳思想之舵，筑牢信仰之基，深刻领悟"两个确立"的决定性意义，增强"四个意识"、坚定"四个自信"、做到"两个维护"。通过学思用贯通滋养初心，以知信行合一践行使命，把坚定的政治信仰展现在教育教学的全过程。大力引导教师带头践行社会主义核心价值观，将社会主义核心价值观融入教育教学和人才培养全过程，体现在学校管理及校园文化建设各环节，使之内化为一种共同价值追求和行动准则，教育和引导青少年不负时代、不负人民，立大志、明大德、成大才、担大任，自觉把人生理想融入国家和民族事业之中。引导广大教师始终心怀"国之大者"，努力践行"为党育人、为国育才"的初心使命；始终把办好人民满意的教育作为矢志追求，坚定热心从教、精心从教、长期从教、终身从教的理想与抱负；始终坚持"四个服务"的办学方针，在守正创新中解决好培养什么人、怎样培养人、为谁培养人的根本问题，呕心沥血传道授业、至诚至真立德树人。

二、特立精神纳入人才培养资源库

思政育人工作要求整合校内外一切可以整合的资源，形成人才培养资源库，建立任课教师队伍、思政队伍、管理队伍、后勤服务队伍、离退休教师队伍、校外导师队伍等不同人才队伍之间的协同机制，抓住每个群体的立德树人元素，形成育人合力。特立精神作为新时代立德树人的生动教材，学校将特立精神纳入人才培养资源库，加强宣传培训，提升各方面育人队伍对特立精神融入大学生思想政治教育工作的认同感，用特立精神凝聚人心、汇聚力量、聚集智慧，切实发挥各方面合力，构建高校育人大格局。例如，湖南率先成立徐特立教育思想研究会，挂靠湖南省教委。1994年1月，经湖南省社科联、湖南省民政厅批准，徐特立教育思想研究会升格为省一级学会——湖南省徐特立研究会。从1982年10月起，学校（现长沙师范学院）与学会联合举办《徐特立研究》（后更名《特立研究》），累计编辑出版150余期，在研究、宣传徐特立革命精神和教育思想方面，发挥了重要作用。2012年11月，学校发起成立湖南省徐特立教育基金会，10余年来，基金会支持徐特立研究、宣传工作，奖励优秀师生，资助困难师生，为促进教育事业发展贡献了智慧和力量。

学校要加强对后勤服务人员的服务素养、知识文化素养和道德涵养培训，让他们了解学校校园文化内涵和大学生成长规律，传承和发扬"徐外婆"精神，通过饱满的服务热情、诚恳的服务态度、文明的服务用语让学生感受到校园中家一般的温暖和爱意，引导学生建立阳光积极的人生，建立人人是教师的育人氛围。同时，可以以徐特立为榜样，积极营造良好的饮食文化、宿舍文化、行为文化、劳动文化，树立劳动典范，引导学生积极参加劳动，养成艰苦朴素的生活习惯，从而建立正确的世界观、人生观和价值观。

校外导师具有搭建实践平台、协调校外资源的优势。高校可邀请专业领域学者、优秀校友、社会人士作为校外导师，为全方位育人提供师资保障。为了促使校外导师更加全面、准确地了解育人工作，可通过培训、宣传等方式帮助教师了解特立精神，了解特色校园文化，了解工作要求，进而更加有效地指导学生立志立德、学精学深、创新创造。

三、积极选树优秀学生榜样代表

榜样，一般指有高风峻节、能起表率作用的人。古人云："夫以铜为镜，可以正衣冠；以古为镜，可以知兴替；以人为镜，可以明得失。"榜样在红色资源育人工作中同样发挥着重要的引领作用。高校的人才培养应凸显学生主体地位，融入朋辈教育理念，将优秀学生榜样引入思政教育队伍，充分发挥榜样的宣传、教育和引领作用，引导学生向榜样看齐，激发学生自我驱动力，增强思想政治教育示范带动作用。

案例

两朵金花情系学前教育，携手逐梦长师

她们有世界上最亲密的关系，分享着最深厚的情谊。同一个班主任，同一个专业，同一个辅导员，这对亲生姐妹，拥有惊人般相似的学习轨迹，如今进入同一所大学，姐姐"秒变"妹妹的直系学姐，这是心有灵犀，更是缘分使然。她们便是来自长沙师范学院学前教育专业的公费师范生姐妹：唐莹莹和唐妍妍。

同样的选择，不同的理由

姐姐唐莹莹是学前教育学院2016级学前教育专业的学生，时隔三年，妹妹也被同一个学校、同一个专业录取，更巧的是，她们还拥有同一位辅导员。

当被问到为什么选择长沙师范学院学前教育这个专业时，妹妹唐妍妍

回忆起了那个寒假的一段故事。"我第一次见到长师的校徽是我初中的时候，姐姐把那枚校徽送给了我，在我心里种下一颗要上长师的种子。那段时间，姐姐经常在家练习各项专业技能，比如声乐、舞蹈等。屋里传来阵阵美妙的钢琴声，这么动听的琴声是出自姐姐之手，我心驰神往，对各项技能兴趣浓烈，非常渴望将来学习学前教育专业。"当初选择学前教育专业的时候，身边不乏各种质疑之声，这些声音没有干扰她的选择，反而是她扎根学前教育的动力。

显然，妹妹深受姐姐的影响，选择了学前教育专业。而姐姐最初选择这个专业则是因为心中怀着一股对教育的热忱。她认为学前教育是基础教育，其重要性不言而喻。她渴望用自己的力量去帮助家乡的小朋友，为家乡的学前教育事业贡献自己的一份光和热。唐莹莹说："我本身有一颗向往教育的心，但成为长沙师范学院学前教育专业的一名学生，对于我来说这是一次巧合，同时我也很感谢这一段机缘。"徐特立曾说："认真搞好幼儿教育是共产主义事业中最光荣的任务。"唐莹莹也因选择学前教育专业而深感光荣。姐姐的这股教育热忱，也感染了妹妹，为她指引了学习方向，妹妹也追随着姐姐的脚步，成功被长师学前教育专业录取。

在热爱中学习，在实践中成长

热爱是一切的开始，因为热爱，所以坚持。"有善始者实繁，能克终者盖寡。"这是姐姐的人生信条，意思是有良好开端的人确实很多，但能够始终如一，坚持到最后的人，却十分少。妹妹则用"多彩"来形容自己的大学时光。诚如姐妹俩所形容的那样，她们在大学期间表现都十分优异，大学生活丰富多彩。

学习成绩斐然，这离不开她们数年如一日的勤学苦练。姐姐表示自己几乎没有娱乐时间，每天7点多就起床，而后练琴、去图书馆自习，常年保持高度自觉的学习习惯。徐特立老校长人到晚年，尚且制订了一个二十年的学习和工作计划，她表示沉浸学海不觉艰苦，离不开徐老精神的鼓舞。她自知不是天赋型选手，所以一路坚持，深耕学海。姐姐先后荣获"国家奖学金""校长奖学金""创新创业奖学金""徐特立优秀学生奖"等多项奖学金。妹妹见贤思齐，通过几年的专业学习，她愈发热爱学前教育专业，专业成绩名列年级第一，曾获得"校长奖学金""徐特立优秀学生奖""国家励志奖学金""优秀学生干部"单项奖学金等。

姐妹俩还十分热心社团活动，在很多实践活动中可以看到姐妹俩的身影（见图4-5）。姐姐曾担任过校团委宣传部部长，"在社会中成长，在实践中学习"是她的行动指南，她积极参加各类志愿活动，成功立项省级课题，还利用寒暑假时间前往家乡等偏远地区的小学进行支教活动。对教育的热忱支撑着姐姐投入支教活动，在与孩子的磨合中，逐渐摸索出自己的教学风格。妹妹入校便加入了团学组织，在五四典礼、校运会等近百场活动中留下身影，以公费师范生的身份叙述"逐梦"故事，在湖南省"青春学习堂"比赛中获三等奖。

图4-5　实践活动工作掠影

回望来时路，奔赴新征程

当谈及姐姐对自己的诸多照顾时，唐妍妍不禁潸然泪下。她回忆自己初入校园时，有诸多不适与迷茫。远离家乡，来到一个陌生的环境，面对一个未知的未来，即使有老师同学的关心，但归根结底，年幼的她仍然只是一个懵懂的小孩。姐姐就如一束光，温暖着她、指引着她，在生活上关心她、在学习上指导她。她庆幸于在陌生环境里有一位年长几岁的血亲照顾自己的方方面面，同时也感叹于姐姐的坚强与不易。她说："我走过的路我姐姐已经走过一遍了，她教会我很多东西，让我的路走得更平坦些。而姐姐遇到困难和障碍，却没有一个为她遮风挡雨的人，她坚强且独立，我既佩服姐姐的能力，却也心疼她的坚强。我无法想象她是怎么度过大学初期的迷茫，所幸我们都遇到了很好的老师。我很感谢我的姐姐，她是我的引路人，也是我的知心人！"

身为姐姐，与生俱来的责任感让她不断叮嘱妹妹，要珍惜大学时光，一步一个脚印地走好每一步，脚踏实地方得始终。她表示自己所取得的成绩除了自身的努力与坚持，更离不开老师们的关怀与帮助，离不开学校的悉心培养。她寄语学弟学妹在专业上下苦功夫，期待在长师学有所成，将来在教育之路上盛开绚丽之花。

（一）选树优秀学生典型

选树优秀学生典型，充分发挥榜样示范引领作用和朋辈育人作用。弘扬特立精神以及徐特立对于青年学生的寄语和要求，充分选树政治素养好、创新意识强、综合水平高的优秀学生，树榜样、立典型，一方面，激励学生争先创优，提高自我效能感，促进自身全面发展，催生学生群体的内生动力；另一方面，可着重聘请这些优秀学生榜样担任低年级学生的朋辈导师，发挥朋辈教育作用，通过交流沙龙、学业辅导、科技创新、文体艺术等活动帮助低年级学生树立高远目标，坚定理想信念，尽快适应大学学习生活环境，合理规划大学生活，养成良好学习习惯，促进身心健康发展。以长沙师范学院徐特立纪念室为例，纪念室引导学生拼搏进取、"做徐老合格学生"。

（二）培育先进学生组织

以特立精神引领培育先进的学生组织，充分发挥学生组织自我教育、自我管理、自我服务的功能。学生社团、党团、班级等组织是学生自我成长的有效载体，学生党员、班团干部等骨干是时刻在学生身边的标杆，能够充分发挥服务育人、心理育人、组织育人作用。高校各类学生组织是每个学校的特色，更是学生乐于接受并积极参与的一种组织形式，学生参与社团活动，以兴趣爱好为出发点，能够积极主动发掘自身闪光点和找出不足，培养动手能力、沟通协作能力，达到自我教育和自我学习的目的；党团组织可以为学生提供学习实践平台，学生可通过轻松和谐的氛围学习互鉴，树立自我学习意识，不断完善自我；良好的班风学风是一个学生学习的底色，在学习氛围浓厚的班集体中，学生可通过相互监督、相互促进，养成自觉学习的良好习惯。

第二节　校本红色资源全程育人机制

全过程育人，指从时间维度考虑，从学生思想品德形成的规律出发。加强德育工作的阶段性、连贯性、时间性、进展性，使德育工作贯穿教育工作的始终，以期学生的思想观念、道德素养有条不紊地生成和进展。大学生成长发展是一个过程，在不同的发展阶段，会遇到不同的发展问题，学校应根据学生的发展需求，解决学生的阶段性问题，促使学生平稳健康地发展。做好特立精神育人，就要充分抓好入学教育、在校期间各年级阶段、毕业前后等关键环节的针对性思想政治教育，力争做到时间上无空当、空间上无死角、人员上无懈怠、内容上无遗漏，强调系统性概念。图4-6为特立精神融入全过程育人的实践路径。

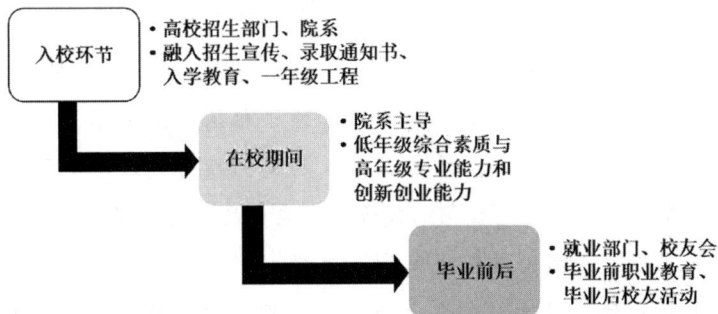

图4-6　特立精神融入全过程育人的实践路径

一、初入校园：感知"特立精神"

案例

特立青年讲师团进军营，宣讲"走心"又"入心"

2023年9月17日至26日，特立青年讲师团走进2023级新生军训营开展"红色文化理论宣讲"活动（见图4-7）。经过层层审核，遴选出10名优秀青年学生讲师为新生讲述校友故事。讲师团成员在实践中将"学"与"讲"结合，以徐特立、田汉、许光达、刘英、廖沫沙等优秀校友为主题，用一个个感人肺腑的故事，引导同学们感悟"以人为本，胸怀天下，勤朴坚毅，与时俱进"的长师精神。

图4-7 特立青年讲师团进军营现场

宣讲结束后，新生分享了自己的所感所悟。其中七营的新生说："在那个艰苦的时代，刘英、周竹安等革命先辈为了祖国的未来不怕牺牲、英勇奋斗的精神，值得我们学习。作为新时代的我们拥有更好的学习环境和资源，应该更加奋勇前进，为祖国的建设贡献自己的一份力量。"

此次特立青年讲师团进新生军训营宣讲，让千余名新生切身感受到了百年红色长师的独特魅力，让广大新生进一步了解长师、爱上长师，激励新生赓续红色基因、传承红色文化，主动担当作为，争当民族复兴大任的时代新人。

学生入校前接触最多的是学校招生部门和相关教师，做好入校前育人工作，可将特立精神融入招生工作。第一，以招生宣传为平台，介绍校园文化，解读校训、校风或学风，宣传校史校友故事，融入特立精神品质和典型事迹，渲染学校育人工作氛围，让学生提前感受校园文化，确立徐特立榜样形象，为开启大学生活奠定思想基础。第二，以录取通知书为载体，突出体现校园文化特色，通过新生寄语、校园攻略、学生手册等帮助学生选定入学前必读书目和展览场馆，做好入校前育人工作。例如，学生可从长沙师范学院主编的《怀念徐特立同志》《徐特立文集》《徐特立传》《当今圣人徐特立》《师德楷模徐特立》《徐特立年谱》《人民教育家徐特立》……毛亦农教授的巨幅中国人物画《徐特立在延安》、罗湘科教授的版画《徐特立和学生在一起》、唐志教授的国画《坚强的老战士》、肖伟教授的系列水墨人物画《先生》……大型诗歌《特立颂》（即《人民之光》，主创李学全、周智湘、匡代军，2012 年一经推出，即成为新生入学必演必看的经典节目）、舞蹈《一封信》（2017 年创作，荣获湖南省第五届大学生艺术展演活动一等奖）、微动画《当今圣人徐特立》（2018 年创作，作者屈晓军、贺文龙、梁堂华）、大型红色民族歌剧《先生》（历时 3 年创演，2022 年学校建校 110 周年校庆日首演）等众多作品中学习与传承弘扬徐特立革命精神和教育思想。

大学生面对开放自由的校园环境，往往自我控制能力不足，需要正向思想引领。因此，学校应将特立精神学习列为"入学教育"和"一年级工程"的必备环节，帮助学生适应大学学习生活，并自觉做徐老合格学生。为实现这一目标，需要在教育中弥补思政课程的空白点，重视"一年级工程"，做好思想领航教育。学校应开设理想信念教育课程，积极宣传徐老的典型事迹和精神品质，积极引导学生树立正确的世界观、人生观和价值观，自觉将个人前途与国家命运紧密相连。同时，结合徐特立的教育思想重要观点，以适应大学生活和专业启蒙为重点，指导开展新生安全教育、心理健康教育、专业启蒙教育和生涯规划教育等。切实帮助学生解决大学成长发展初期的困惑，引导学生自觉以徐特立为榜样，树立崇高理想，践行爱国奋斗精神，养成艰苦朴素和自立自强的生活习惯，鼓励学生在专业学习、科技创新、学术研究等方面拔尖创新，成为时代的新人。

二、在校期间：强化"特立烙印"

针对大学生不同阶段的发展需求，高校应及时调整育人工作的侧重点。对于低年级学生，应注重帮助其顺利完成从中学到大学学习生活的过渡，构建宽口径的知识体系，提升学生在人文、体育、美育、心理健康、领导能力等方面的精英素养，为之后的发展奠定坚实基础。对于正处于成长成才黄金时期的高年级学生，其学习状态渐入佳境，思维愈加活跃，并勇于尝试新鲜事物，在这一阶段，高校应紧紧围绕培养学生专业兴趣和专业技能开展育人工作，把特立精神育人通过各种形式、渠道和方法融入学生学习生活的各个方面和各个层次，重点培养学生的科学素养和创新实践能力，为大学生未来专业和职业发展积蓄力量。

案例

长师学子红色双语夏令营播撒教育火种

来自长沙师范学院外国语学院"特立火种"大学生志愿服务队的大学生志愿者们秉承老校长徐特立"身教重于言教"和"以身示范"教育理念，以教育关爱为出发点，立足乡村教育发展事业，在衡阳县岣嵝乡开展为期十天的红色双语夏令营支教活动。

外国语学院"特立火种"大学生志愿服务队结合外语专业特色，在延续去年双语绘本特色的基础上，精心制作了原创红色双语课本教材《革命老爷爷徐特立》。课本内容以长沙师范老校长徐特立的故事为原型，设计了生动精美的原创插画，编制了《半截粉条犹爱惜》《生活简单如老卒》《节约每一度水电》《用穷办法办学校》等几个通俗易懂、具有鲜明主题的小故事。通过讲述徐特立老爷爷的生活小故事，在孩子们的心中悄然种下爱党爱国的种子，培养孩子们学习徐特立吃苦耐劳、艰苦朴素的奋斗精神，领悟徐特立"革命第一、工作第一、他人第一"的革命精神。

"Set the national interest above anything else，徐特立老爷爷舍小家为大家……"课堂上，志愿者们结合原创红色双语课本为孩子们带来了一次别开生面的课程体验（见图4-8）。孩子们打开精美别致的插画课本，在志愿者们的带领下一起学习《量几斗米打发妻子——Measuring a Few Buckets of Rice to Dismiss His Wife》红色故事，了解徐特立老爷爷创办学校的艰辛和投身教育之志向，学习领悟徐特立老爷爷"舍小家为大家"的无私奉献精神……孩子们在寓教于乐、寓教于趣的过程中感受到红色文化的魅力，革命先辈的革命精神也深深地烙印在了孩子们的脑海中。

图 4-8　志愿者们正在为山区儿童上双语绘本课

此次"岣嵝少年看世界"红色双语夏令营第二季支教活动除开设了红色双语课程之外，还开设了双语歌舞课、双语朗诵课等一系列特色双语课程。"特立火种"大学生志愿服务队的大学生志愿者们以实际行动践行大学生助力乡村教育振兴的初心，为农村留守儿童精心设计丰富多彩的素质教育活动，也为当地乡村教育注入新思想、新思维、新活力，为提升乡村教育质量、助力乡村振兴贡献"火种力量"。

"以青春之底色，行于途、感于途、学于途！""特立火种"大学生志愿服务队的志愿者们将以更加充沛的热情深入课堂、深入乡村，以"润物细无声"的方式播撒双语教学促乡村振兴的教育火种，积极投身乡村振兴，服务乡村教育，在实践中学习"红色"、践行"红色"。

（一）特立精神引领低年级学生综合素质养成

以徐特立素质教育观为指导，结合课程学习和课外活动，将综合素质养成贯穿低年级学生求学各阶段。以价值塑造为主线，将特立精神内涵融入活动设计，通过主题教育、思想政治理论课、党团日活动等途径，引导学生树立高远理想，坚定"四个自信"，坚定理想信念。以知识养成为主线，通过课程学习、课外导学辅导以及各类学风建设活动，引导学生聚焦读书学习主责主业，学习徐老治学精神，养成良好学习习惯，打牢知识基础，加强知识储备。以实践能力为主线，按照徐特立全面发展教育观，依托第二课堂开展各类文艺体育、志愿服务、社会实践、科技创新启蒙、通识教育等活动，培育学生的创新实践能力。

（二）特立精神引领高年级学生专业能力和创新创业能力养成

坚持以专业教育为基础，注重融入徐特立实事求是的科学精神、艰苦朴素的奋斗精神和终身勤笃的治学精神等思政元素。同时，充分发挥各行各业领军领导人物的辐射带动作用，重点帮助学生深入研究专业知识，提升专业素养，并激励他们立志推动行业实现跨越式发展。

以创新实践为切入点，积极鼓励学生参与科研创新项目，倡导学生积极与学术导师、科创导师交流，注重培养学生独立思考和解决实际问题的能力。不断发掘学生的创新潜能，精进专业技能，练就过硬的本领，勇于承担时代的重任。

三、毕业前后：加深"特立记忆"

毕业意味着身份由学生转变为社会人士，是对大学时期学习成效的最终检验，是步入社会开展工作的新起点，也是思想政治素质完善的重要阶段。学校要抓好学生毕业前后的关键点，持续巩固特立精神育人效果。一方面，毕业前开设职业道德课程，引导学生重温徐特立与时俱进的革新精神、艰苦朴素的奋斗精神，帮助学生树立正确的就业观，鼓励青年学生积极投身基层或到国家重大战略需求领域就业；根据专业设置特点对毕业生开展针对性就业创业教育，开设就业技能指导课程和就业心理指导课程，实施一对一就业帮扶计划，缓解就业心理压力，引导学生做健康毕业生。另一方面，学校要做好毕业生去向登记工作，在学生毕业后，由就业部门、校友会、院系组织形成线上线下校友圈，把特立精神融入校友会活动中，将优秀校友事迹、育人动态传递给校友，让校友持续了解母校发展成果，加深"特立记忆"，接续奋斗，超越自我。

第三节　校本红色资源全方位育人机制

案例

徐特立公园

以纪念长沙师范学院老校长、杰出的无产阶级革命家和教育家徐特立为主题的徐特立公园（见图 4-9），占地 270 余亩，由长沙师范学院与长沙县政府等投资 4000 余万元共建，2005 年下半年正式对外开放。

公园与长沙师范学院校园、学生公寓和教工宿舍连为一体，依山就势，自然植被与人文景观联袂成章，相映成趣。这里分布着城市中难得一见的原始次森林，乔、灌木和花草等植物种群丰富，堪称城市中的一汪绿泉，一个天然氧吧。走进公园，首先映入眼帘的是 8.5 米的徐特立巨型塑像。塑像两侧及身后为层层叠叠的仿自然石块，飞瀑直下，象征徐老精神源远流长。公园山坡中心为师恩台。师恩台正中间一个半圆形石墙上，镌刻着毛泽东对徐老发自内心的感言："你是我二十年前的先生，你现在仍然是我的先生，你将来必定还是我的先生。"石墙的背面刻着毛泽东 1937 年在延安祝贺徐老 60 岁生日的亲笔信。毛泽东在信中高度赞扬了徐老坚定的无产阶级革命立场和民族气节。石墙的外围，树立着记载毛泽东、李维汉以及长沙师范学院杰出校友田汉、许光达、廖沫沙、刘英等生平事迹的石碑。每块石碑后面桃花和李花的浮雕，象征徐老桃李遍天下。公园最高处，矗立着高达 4 层、主体为仿古悬挑式结构的师圣阁。游人至此，无不顿生敬意，由此远眺，新城景色尽收眼底。此外，公园内还点缀着杏坛、沧浪池、长廊、寄语亭、荷花池等 20 多处景观。长沙师范学院的徐特立馆、艺术馆就坐落在公园内，绿树掩映，鸟语花香，流水潺潺，别有一番韵致。

图 4-9　徐特立公园

　　自然与人文水乳交融的徐特立公园，既是湖南省重要的爱国主义教育基地、尊师重教基地和文化交流传播基地，也是长沙城区的一道亮丽风景，师生休闲览胜的好去处。

　　全方位育人，从空间维度考虑，即指从学生在校学习期间能够接触到的各个领域来立体化开展思想政治教育，包括课上课下、校内校外学习生活的方方面面，以此引导学生全面发展，达到育人的实效性。高校结合特立精神育人工作实际，应以不同的方式、不同的特点全面促进特立精神的育人实效。图4-10所示为特立精神融入全方位育人的实践路径。

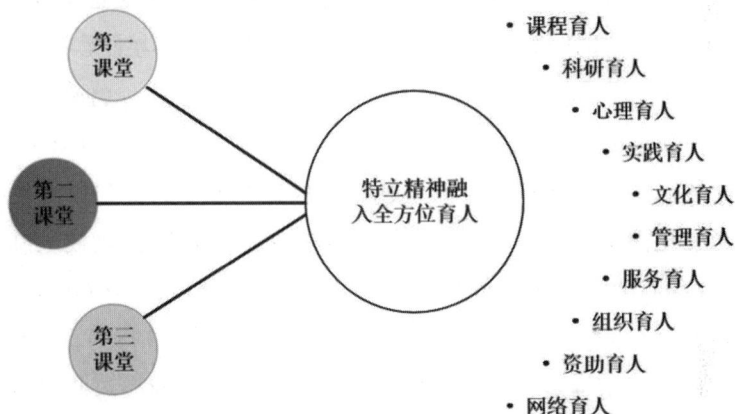

图4-10　特立精神融入全方位育人的实践路径

一、融入第一课堂主阵地

　　第一课堂泛指依据教材及教学大纲，在规定的教学时间里进行的课堂教学活动。第一课堂是灌输理论知识和强化思想认识的重要环节，是有效开展第二课堂和保障第三课堂立德树人工作的重要基础性工作，发挥好第一课堂的重要作用就是要巩固思想政治课程的育人功能和专业课知识中的思政元素，即推动思政课程和课程思政，实现思政课程与课程思政同向同行，知识传授与价值引领有机融合，全面构筑立德树人大格局。第一课堂应以红色基因传承为内核创新教学内容。红色基因是一种文化基因，携带着红色文化特质，是红色资源中卓越的、可继承的且经久不衰的基因密码。

思想政治教育工作应当最大化地发挥红色资源的政治教育功能，以红色基因传承为内核，创新教学内容。教师要将红色基因传承与思想政治理论课教学相融合。思想政治理论课始终是"大思政课"育人格局下教师对学生进行思想政治教育的主渠道、主战场。教师通过讲红色故事、创设故事情景、设计实践活动、拓展学习资料等方式，在课程教学中引导青年学生厚植红色基因、涵养家国情怀、坚定理想信念。教师要注重教学方式、方法的创新，不仅仅局限于课堂上的理论讲授，更要思考如何丰富教学形式，如可以组织学生以讲、诵、演等形式展现红色故事。同时还要将红色基因传承与课程思政教学相结合。教师要结合学校和学科特色，将红色基因与家国情怀、科学精神与大国工匠精神等一同渗透到专业课教学中，让学生在学习专业课的同时接受红色文化教育，实现"润物细无声"。

"你是我二十年前的先生，你现在仍然是我的先生，你将来必定还是我的先生……你是革命第一，工作第一，他人第一……"2022 年 5 月 23 日上午，长沙师范学院举行"先生"文化石落成典礼暨"特立班"学生毕业思政课活动（见图 4-11），"特立班"的毕业生代表们在北校区新落成的"先生"文化石前深情地齐诵 1937 年毛泽东主席写给徐特立 60 岁生日的贺信，勉励师生不忘先辈的艰苦创业，传承弘扬好"特立精神"，争做新时代"大先生"。特立精神是大学生思想政治教育的宝贵素材，可将特立精神融入中国革命史、中国共产党党史、校史等历史教学环节，也可将徐特立的优秀道德品质融入中华优秀传统文化教学内容，推进主流文化进课堂，使主流文化入脑入心，打开文化育人的理论教学缺口。推进特立精神融入思政课程育人，有助于按照八个"相统一"的要求推进思想政治理论课改革创新，引导学生坚定"四个自信"、厚植爱国主义情怀，把爱国情、强国志、报国行自觉融入坚持和发展中国特色社会主义事业、全面建成社会主义现代化强国、实现中华民族伟大复兴的奋斗之中。课程思政是开展"三全育人"工作的有效途径，结合专业建设与课程特质，把握学生成长成才规律，明确育人着力方向，引导学生确立正确的世界观、人生观、价值观，进而培养学生良好的心理素质，促进学生身心和谐发展和素质全面提高。

图 4-11 "特立班"学生毕业思政课活动

二、融入第二课堂大平台

案例

构建多元学前体育师资人才培养体系

"你在球场上教得眉飞色舞，可能孩子们却听得云里雾里。"长沙师范学院体育科学学院院长陈捷在长沙市首届幼儿篮球教练员培训班上的一句玩笑，把全班学员都逗乐了。

多年从事幼儿篮球教学研究的陈捷认为，只有让更多教练知道"教什么、怎么教"，才能换回娃娃们"愿意学、听得进"。

随着"健康中国"战略实施，社会对于幼儿健康给予了更多关注，体育教育也开始在幼儿教育中扮演重要角色。"包括长沙师范学院在内，面向幼儿体育教师培养专门型人才的本科学校目前全国仅有三所。长沙师范学院体育教育专业毕业生年年供不应求。"陈捷表示，中国学前教育将从"幼有所育"进入"幼有优育"阶段，但幼儿园健康教育却面临着专业教师不足等诸多问题。

为了解决学前体育教师情怀不浓、能力不强、专业不精等问题，长沙师范学院秉承"红色底色、师范本色、儿童特色"的"三基色育人"办学理念，将学前儿童的"教育、保育、体育"协同整合，深度融入教育教学、实习实训、社会服务、科学研究和文化传承全过程，形成"全面、系统服务学前体育教育，全方位培养优质学前体育教育人才"的多学科支撑体系和课程体系，以及服务幼儿体育教育与发展的优势学科群和人才培养新范式，被全国学前师范院校广泛采用。

徐特立是长沙师范学院的创始人和首任校长。长沙师范学院通过组织参观徐特立纪念馆和校史馆、开设系列思政课程，厚植学生学前体育教育情怀。通过理实一体化教学，开展专业课程思政，组织学生入园见习、跟岗教习、顶岗实习等，让学生认知幼儿教育尤其是幼儿体育的特殊性和差异性，培养学生学前体育教育情怀领悟能力。学校还组建了"特立志愿者"服务团队、开展幼儿趣味体育活动、特殊儿童公益体育行动等，铸造"以赛育人，德能融合"育人品牌，为学生学前体育教育情怀赋能。

长沙师范学院形成了以知识、素质、技能一体化培养为目标的"三双"培养体系，创立与学前儿童体育教育专业特征高度适应的"人文素质＋职业素质""运动技能＋教学技能""学历证书＋资格证书"等"双质双能双证"培养体系，明确了素质、技能、证书的分类以及培养要求。以"三双"培养为引领，优化人才培养方案，推动人才培养过程的"理实一体、知行合一、双证融通、一专多能"。

第二课堂泛指在第一课堂外的时间进行的与第一课堂相关的教学活动，学习内容源于教材又不限于教材，学习形式生动活泼、丰富多彩，学习空间覆盖校内校外，灵活多元，是素质教育不可缺少的部分。当前，大多数学生参与第二课堂时间长、领域广，具体涉及实践育人、文化育人、心理育人、管理育人、服务育人、资助育人、组织育人等多重维度。社会实践是青年学生练就过硬本领的"大熔炉"。习近平总书记多次强调，青年要成长为国家栋梁之材，要读万卷书、行万里路，既多读有字之书，也多读无字之书，注重学习人生经验和社会知识，注重在实践中加强磨炼、增长本领。发挥社会实践的育人功能，就是要不断拓展学生社会实践的平台和路径，为学生参与社会实践创造更多的机会，提供更好的条件。特立精神融入实践育人，要注重抓住实践理论培训、校内外实践平台拓展、实践活动组织实施等关键环节，采用学生喜闻乐见的方式，组织丰富多彩的社会实践活动。例如，"特立学生党支部"示范带头，在课程学习和课外服务中发挥出先锋模范作用，带动形成了"比学赶超"的良好学习氛围；"特立青年"讲师团走进新生军训营、学生宿舍、学生社团，积极宣讲党的二十大精神、老校长徐特立的故事和"身边的感动"典型事迹，激发大家"强国有我"的责任担当；"特立青年"志愿服务队多年坚持奔赴学校扶贫点怀化鸡岩村、玉溪村和湘西凤凰县黄罗寨村，开展"三下乡"社会实践活动，不断激发村民脱贫致富的内生动力；外国语学院"特立火种"志愿服务队携手衡阳县燃峋嵝共建"徐特立纪念室"，打造乡村红色文化新地标；2015年起，马克思主义学院开启"行走的思政课堂"，先后组织学生奔赴湘西十八洞村、长沙县开慧村和特立村、桑植县洪家关村（贺龙故居）、江西井冈山等红色纪念地，让学生追寻先辈足迹，感悟初心使命，立志做堪当民族复兴大任的时代新人。该项目先后荣获全国高校大学生讲思政课公开课展示活动一等奖、全国高校大学生微电影展示活动特等奖等荣誉。在校内，学生"学徐师徐"活动蔚然成风，形成了"齐观"徐特立纪念馆、"齐上""徐特立的人格精神与教育思想"等校本课程、"齐诵"《毛主席致徐老的一封信》和《特立颂》、"齐说"徐特立生平故事与学习体会、"齐创"红色作品的"五齐"红色育人品牌。

此外，在第二课堂，特立精神还可以融入心理育人、管理育人、服务育人、资助育人和组织育人。导师队伍和辅导员通过谈心谈话、组织活动等多种方式开展心理健康教育、日常管理和服务；管理部门（以履行管理职责方式）、后勤和服务支撑机构（以直接或间接服务学生方式）、各级党组织、群团组织、学生会、社团（以团结引领青年学生方式）都积极履行各自职能并发挥育人功能。

三、融入第三课堂云空间

随着时代的发展，以互联网和大数据为代表的信息时代对传统教育造成了很大的冲击，网络也成了课堂教学、课外教学之外的第三课堂。网络成为人们日常生活中的一部分，与人们的生活越来越密不可分，网络也成了一个新的领域，对学生的影响尤为深刻。推进特立精神融入网络育人，学校应当充分发挥特立精神的育人价值，注重将思想政治教育工作拓展到网络云空间，构建网络育人平台体系，创作优秀网络作品，营造良好网络文化。探索推进特立精神融入网络育人平台建设。落实网络育人，就要不断完善网络育人平台，丰富育人方法，增强网络育人话语权，发挥网络育人长效性，用网络手段开展思想政治教育，把握当代大学生特点，用学生喜闻乐见的方式把育人工作贯穿其中，努力把互联网络发展为新时代立德树人的重要阵地。例如，学校可以在网页、公众号等媒体平台设置专栏，并利用徐特立诞辰、逝世和从教周年等关键节点，制作并发布优质的评论文章、视频等网络文化作品，积极发声开展网络思想政治教育，引导学生铭记、传承和践行特立精神，强化使命担当，争做能够担当民族复兴大任的时代新人。长沙师范学院的影音资料（见图 4－12），如《百年传承特立情》《特立颂》等，引导学生学习徐老与时俱进的优秀品质、学而不厌的求知精神和勤俭奉献的道德风范。

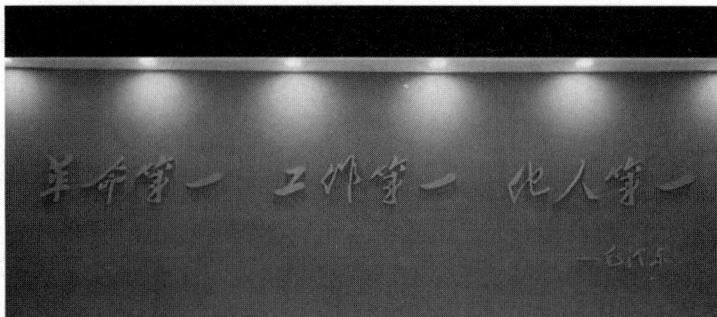

图 4－12　特立精神影音资料

面向未来，学校将始终坚持以习近平新时代中国特色社会主义思想为指导，全面贯彻党的教育方针，落实立德树人根本任务，不忘初心、牢记使命，传承红色基因、弘扬"特立精神"，践行"厚德博学、特立笃行"校训和"以人为本、胸怀天下、勤朴坚毅、与时俱进"的长师精神，为建设教育强国、谱写中国式现代化的湖南篇章展示应有担当、作出应有贡献。

思政园地 ---------------------------------->

要抓好专题学习、专题党课、专题民主生活会、专题培训，精心组织宣讲团开展专题宣讲，用好党的红色资源，让干部群众切身感受艰辛历程、巨大变化、辉煌成就。

——2021 年 2 月 20 日，习近平在党史学习教育动员大会上的讲话

第五章

新时代高校校本红色资源融入育人实践的运行机制

> 青年不仅要下决心继承好前人的事业，还要下决心超过老一代人——后来居上。
>
> ——徐特立

学习目标

◆知识目标

了解校本红色资源融入高校育人实践的运行原则。

熟悉校本红色资源融入高校育人实践的运行方式。

归纳校本红色资源融入高校育人实践的运行途径。

◆能力目标

能够在实践活动中坚持情感与理性相结合原则。

能够将红色资源有效融入自我意识培养与完善的途径中。

◆素质目标

深入研究专业知识，提升专业素养，自觉以徐特立为榜样，树立崇高理想，践行爱国奋斗精神，养成艰苦朴素、自立自强的生活习惯。

案例导入

传承特立精神　打造"红色长师"

百年师范，百年荣光，长沙师范学院是一所"又红""又专"的师范院校。未来五年，学校将继续传承和弘扬好徐特立的革命精神与教育思想，扎根中国大地办教育，紧密结合国家和地方发展需要，对接湖南"三高四新""科教强省"战略，坚持新发展理念，融入新发展格局，把学校建成国内外有较大影响的地方高水平应用型本科师范院校……2021 年 5 月 28 日，备受师生关注的中国共产党长沙师范学院第二次代表大会召开（见图 5 - 1）。

图 5 - 1　中国共产党长沙师范学院第二次代表大会开幕式现场

未来五年，是学校全面实施"十四五"事业发展规划，全面提升整体办学水平和核心竞争力的关键阶段。学校将会瞄准"一个目标"，打造"两个高地"，推进"三步计划"，深化"四项改革"，建设"五个长师"，实施"六大工程"，确保学校高质量发展。希望全校师生员工进一步紧密地团结起来，高举习近平新时代中国特色社会主义思想伟大旗帜，推进学校事业高质量发展，在办人民满意教育和湖南推进"三高四新""科教强省"战略进程中，展示长师风采，贡献长师智慧，提供长师力量。

湖南省教育厅相关领导指出，自上一次党代会以来，学校党委行政领导团结带领全校师生员工走"内涵发展、特色发展、创新发展、科学发展"之路，学校办学实力不断提升、社会声誉持续扩大，各项事业实现了跨越式发展。在新时代历史方位和"两个一百年"历史交汇的关键节点上，长沙师范学院一定要进一步弘扬以徐特立革命精神和教育思想为精髓的优良办学传统，以更加坚定的政治自觉、更加强烈的使命担当、更加务实的工作举措，持续落实立德树人根本任务，推动学校高质量发展。

据悉，第一次党代会召开以来，学校党委在湖南省委省政府的正确领导下，以习近平新时代中国特色社会主义思想为指导，坚持社会主义办学方向，全面贯彻党的教育方针和全国、全省教育大会精神，落实立德树人根本任务，勠力同心、不懈奋斗，快速将学校建设成为教育部卓越教师培养计划改革项目实施单位、体育美育浸润行动计划试点高校和湖南省建设"教育强省"师资培养基地，彰显了百年长师的底蕴、质量与担当。

谈到今后五年的主要工作任务时，学校相关领导指出，要坚持"内涵发展、特色发展、创新发展、科学发展"原则，勠力同心、抢抓机遇、快速提质，建设"红色长师、特色长师、质量长师、效能长师、幸福长师"；要全面加强党的领导，提升学校党的建设质量，推进红色文化建设工程，深化"三全育人"综合改革，在打造"红色长师"上体现新担当；要全面整合优质资源，持续凸显办学思想特色，持续凝练学科专业特色，持续实施特色拓展计划，在打造"特色长师"上取得新成效；要全面推进内涵建设，进一步提高人才培养工作质量，提升人才队伍建设水平，增强学校科研工作实力，提升服务经济社会能力，加强国际交流与合作，在打造"质量长师"上展现新作为；要全面深化内部治理，推进人事制度改革，推进智慧校园建设，在打造"效能长师"上实现新突破；要全面优化办学条件，提升校园品质，增进民生福祉，构建命运共同体，在打造"幸福长师"上汇聚新动力。

第一节　校本红色资源融入高校育人实践的运行原则

红色资源融入高校育人活动是一项系统工程，要以综合性强、复杂度高、涉及范围广等特点来制定与红色资源教育相适应的准则与要求。高校要从整体出发对传统文化教育原则加以运用，还要结合时代背景，针对红色资源的具体特点和学校教育的现实要求来进行红色资源融入高校育人运行原则的探索。

一、坚持情感与理性相结合原则

案例

传承红色基因，担当育人使命

2023 年 11 月 21 日下午，长沙师范学院第六批校级创新创业团队赴徐特立故居开展集中培训暨党员实践活动（见图 5-2）。校级创新创业团队负责人、创新创业协会成员及部分团队指导老师共 40 余人参加活动。创新创业学院院长莫力、徐特立研究中心副主任邓立出席活动。

图 5-2 专题党课活动现场

在徐特立故居，工作人员带领大家参观了徐特立生平展馆，亲身感受了徐老生活、学习与革命的一生，并向徐老铜像敬献花篮。随后，在五美高小教室，莫力为全体师生讲授"弘扬特立先生创造教育思想，努力夯实创新创业事业根基"专题党课，他指出，伟大的无产阶级教育家徐特立先生，始终以"革命第一、工作第一、他人第一"的精神投身革命，为共和国教育事业作出了巨大贡献。在长期的教育实践中，他一贯重视对学生创造精神的培养，在他的教育理论与实践中，丰富的创造教育思想是今天创新创业教育最大的思想根源，希望全体师生要以徐老的人格风范、道德品质和革命精神为榜样，进一步筑牢理想信念之"钙"，增强使命担当精神，传承徐老伟大的革命精神和教育情怀，做新时代创新创业实践的先行者。

通过本次培训，同学们对徐老的革命精神和教育思想增进了认识，更加坚定了投身创新创业的理想与信念。大家纷纷表示：作为新时代大学生，我们一定要努力学习扎实的知识和本领，不断提升创新意识与培养创业胆识，在未来的人生之路上，跟随徐老的脚步，以大无畏的创新创业精神为我们的国家和社会创造价值，实现人生理想。

红色资源教育以立德树人为根本目标，是通过启迪和感化受教育者的心灵需求而促进其精神培育和德性成长。情感因素是通过受教育者个体意识的内在性来支撑对其的道德教育。情感教育是指在学校教育、教学中关注学生的情绪、情感状态，对那些关涉学生身体、智力、道德、审美、精神成长的情绪与情感品质予以正向引导培育。红色资源融入高校育人实践离不开情感教育的方式。

情感教育是指培养和发展个体情感方面的能力和素养的教育过程。它旨在通过教育与引导，帮助个体了解、表达和管理自己的情感，同时学会理解和尊重他人的情感，以建立健康、积极的人际关系。情感教育的目标与红色资源教育、红色精神宣扬是相一致的。通过对大学生受教育者情感因素的关注和满足引导其对自身道德要求、审美标准、精神价值等方面不断完善与发展。情感教育同整个红色资源融入高校育人实践活动是紧密联系的，红色资源的教育过程也是为大学生受教育者创造丰富而良好的情感文化和情感环境的过程，让大学生个体能够正面地、积极地充分体验互助、信念、认同、理想等情绪的感受。红色资源教育活动更直接地表现在用其承载着的文化精神、价值理念去教育人、影响人，是一种以人的精神世界为对象的实践活动，受教育者的情感、意志的转变和升华直接影响育人的实效。

理性教育的观念，作为现代教育体系的重要基石，强调对理性知识的严谨传授。理性知识，因其真实性与实用性，对受教育者的成长具有深远影响，起到了基础性的作用。红色资源教育，作为一种特殊的教育形式，必然需要运用理性教育的手段。红色资源中蕴含的严谨科学概念、历史发展逻辑、独特内在特质和教育属性，都需借助理性教育的方式传递。然而，在教育过程中，我们不能只注重对受教育者逻辑思维和理性判断的培养，而忽视灵感、兴趣、动机等情感因素的重要性。否则，受教育者的全面发展将受到阻碍。理性教育的优势不可否认，要开启人的认识潜能离不开理性知识的传授和理性思维方式的培养，这是受教育者以理性的人为前提去发现客观世界的规律并有效地从事社会实践活动，以此推动社会的不断进步和人的全面发展的可能。但是，理性教育也不是无所不能的，理性教育过程中的关键概念是控制、抑制、纪律、训练、塑造，而不是自发、释放、自然、自我认可、冲动意识、感染、熏陶等。依靠理性不能创造人类生活所需要的一切，依靠科学和逻辑思维也不能全面认识和掌握人的情感。人类发展和创造的动力源泉不仅需要理性思维的支撑，也需要情感因素的配合。

红色资源融入高校育人实践须立足于情感教育和理性教育的融合。无论情感教育或理性教育，两者都是进行思想政治教育的手段，都是为了受教育者成为有理想、有文化、有道德、有纪律的社会主义接班人这一育人目标的实现。理性教育着眼于对事物本质的探索和观念的转变，而情感教育更注重从受教育者的心理角度出发去感化人、教育人。二者育人的侧重点和分工不同，但最终目标相同。红色资源的形式多样，可以通过吸取和利用理性教育和情感教育的优势，使红色资源的思想政治教育功能达到更好的效果。可以通过对实物、史料等红色资源进行感受和感知，从历史外形的表象认识出发，逐步启发和唤醒受教育者内心的理性认识，形成客观的科学认知，提高受教育者的感性认识，使其逐步转化为理性认识。此外，红色资源可以很好地调动大学生的情感因素，进一步促进思想政治教育的实效性。因此，利用多样化的红色资源进行思想政治教育对大学生的全面发展具有积极意义。

红色资源表现形式非常丰富，"人""事""物"的讲述和学习最终指向的是"魂"，也就是红色精神的接受和领悟。如徐特立是长沙师范学院的创始人和首任校长。1912 年，徐老怀抱教育救国之志，筚路蓝缕，创办了长沙师范学院。为了办好学校，他呕心沥血、苦心经营，既当校长，又兼校工；他坚持有教无类，注重因材施教；他聘请朱剑凡、杨昌济、辛树帜等诸多学者名流执教，培养了田汉、许光达、廖沫沙、刘英等为杰出代表的大批国家栋梁之材，学校涌现出柳直荀、罗学瓒、陈章甫等20多位革命先烈，铸就了光荣的革命传统和优良的校风。徐老对长沙师范学院有着深厚的感情，新中国成立后曾9次回校视察，最后一次已是89岁高龄……从鲜活的历史人物和一桩桩具体的历史事件中凝练出来的红色故事，只有先从情感教育的视角出发，深切怀念红色人物，才有可能促使大学生理性地思考特立精神产生的来龙去脉，进而深刻领会特立精神的思想内涵。由此可见，红色资源融入高校育人实践是在感性教育的基础上，运用理性教育的方式将感性教育过程中获取的感官材料经过理性的思考加以分析、加工和提炼，形成客观的理念和判断。要把红色资源的精神内涵真正植根于每一位大学生心中，使之转化为指导实践活动的精神力量，就必须借助于情感教育和理性教育相结合的教育方法，这是红色资源融入高校育人实践运行的首要原则。

二、坚持理论与实践相结合原则

案例

长沙师范学院卓越项目"特立班"授牌

"湘江之滨，荷花池畔，有我们美丽的校园……"2019年11月19日下午，在深情嘹亮的校歌声中，长沙师范学院预科教育学院举行教育部卓越幼儿园教师培养计划项目"特立班"授牌仪式（见图5-3）。目前，长沙师范学院卓越项目的"特立班"已达16个，培养学生共计711人。这也是继北京理工大学2013年设立"徐特立英才班"后，全国第二个以徐特立先生名字命名的高校特色班级。

此次"特立班"授牌仪式，旨在切实增强教师承担教育部卓越幼儿园教师培养计划项目的责任意识，营造卓越幼儿园教师培养的浓厚氛围，增强学生卓越幼儿园教师培养对象的自豪感和使命感，培育学生的专业情怀，坚定学生投身幼儿教育事业的理想信念。

图5-3　"特立班"授牌仪式

　　长沙师范学院相关领导鼓励"特立班"的学生要立志、乐于从事教育，从农村来到农村去，从家乡来到家乡去，带着感恩而来，带着情感去回报社会。希望学生们能培养中国心、世界眼、华夏魂、长师神，修炼自己，认真思考，要有"以人为本、胸怀天下、勤朴坚毅、与时俱进"的长师精神，传承红色基因，培养优秀人才，以生为本，热爱儿童、研究儿童、服务儿童。

　　人类社会实践活动是创造文化的前提，人的本质在于社会实践。红色资源融入高校育人实践本身也是一种促进人的全面发展的实践活动，这种实践活动的顺利展开需要有科学的理论做指导。在高校红色资源育人实践活动中，红色资源教育活动必须坚持理论与实践相结合原则。

　　坚持理论与实践相结合的原则需要明确采用何种理论来指导实践。相比其他教育形态，红色资源具有其独特的理论意义。这种特殊性主要体现在两个方面。第一，红色资源，特别是红色文化，本身是以马克思主义理论为指导的文化形态，因此要求在红色文化教育活动中运用马克思主义的立场、观点和方法来分析和解决问题，马克思主义理论必然指导着红色文化教育。第二，红色资源涵盖丰富的理论思想，这些思想是马克思主义中国化、时代化的体现，是红色资源教育中不可忽视的理论学习内容。

　　坚持理论与实践相结合的原则，需要树立"知行合一"的教育理念。没有扎实的理论基础就无法实现理论与实践的有机结合。在红色资源教育中，大学生应被引导正确认识和学习红色资源，领悟并传承红色文化。通过学习红色资源，他们将掌握马克思主义的基本立场、观点和方法，并在此基础上将红色文化传统、红色精神、优良作风、价值观念等与毛泽东思想、中国特色社会主义理论体系相融合，从而进一步巩固和强化理论教育成果。只有建立相应的理论基础，才能将其指导应用于现实生活的实践活动中。因此，红色资源教育应坚持理论与实践相辅相成的原则，使理论学习与实际应用相互促进、相互渗透，使得学生在实践中能够理论联系实际，提升解决实际问题的能力和水平。通过知行合一的教育模式，红色资源教育可以更好地发挥作用，培养具有理论素养和实践能力的有志青年。

红色实践活动应该着眼于大学生的日常生活情况，着眼于大学生的现实需求。高校要以红色资源融入高校育人的实践活动贯通理论知识与学生的生活世界，使日常生活场景成为大学生认识、学习、认同和践行红色文化意识观念和价值选择的场所。在教育方法上要灵活运用理论灌输与实践锻炼相结合的方法。红色资源融入高校育人实践不仅需要向大学生受教育者阐述红色资源的科学内涵、精神信仰和人文知识，而且要有组织、有规划地针对受教育者进行红色资源实践锻炼，包括情景体验、现场教学等形式，促使大学生在育人实践活动中提高思想认识、强化行为规范、锻炼道德品质。如长沙师范学院文学院党总支"五齐"主题教育系列活动之"追寻校史足迹，汲取奋进力量——长师红色故事汇"微党课在南校区源洛剧院开讲，文学院学生通过演讲、对话、诗歌、音乐等形式多样、深入浅出、激情澎湃的微党课，生动演绎了建校百年来长师校友们"求知""奋斗""坚强""壮志""青春"的红色故事，将校友们的青春奋斗路与建校开拓路、民族复兴路、国家富强路、人民幸福路紧密相连，激励新时代长师学子弘扬长师红色精神血脉，厚积薄发，不断前行。

三、坚持针对性与广泛性相结合原则

在融入高校育人实践活动中，红色资源的应用也必须始终坚持实事求是的思想路线。大学生既是整体，也是个体，红色资源在发挥思想政治教育功能时需要面对现实情况，其中的挑战是大学生的价值取向和行为方式变得越来越复杂多样，独立性、自主性的增强使得他们更加倾向于自我对事物的认识和判断。这也导致大学生群体在文化知识、思想道德、个人修养等方面存在明显的差异。其中，针对性是指在红色资源教育中，根据学生的现实状况，根据不同层次、不同特点的学生，突出重点，关注不同年级、不同阶段的红色资源教育的衔接问题。广泛性则是指在开展红色资源教育时要始终面向大学生群体，从内容选择、方法运用上与大学生群体紧密结合，相信并依靠他们，将他们的日常学习生活和思想发展需求与红色资源教育实践有机地联系在一起，充分发挥红色资源在育人方面的作用。总的来说，将红色资源融入高校育人实践活动需要坚持实事求是的思想路线，既因材施教，针对不同学生差异性的特点进行教育，又要广泛覆盖大学生群体，确保红色资源教育能够真正发挥它在思想政治教育中的辐射和引领作用。

具体而言，针对性与广泛性相结合主要有以下三点。第一，不同的学习阶段对应不同的教育方式，要注重整体性要求。以本科生和研究生为例，红色资源教育针对本科生群体依然要重视相关知识的传授与信息的传递，而对于研究生就可以考虑多以专题讨论、实践活动、实践报告的方式进行。但在整体规划上则都要全面要求红色资源教育的普及和内蕴价值观的共识。第二，不同专业领域对应不同的教育内容，但要以重复性教育和固定性教育作补充。红色资源教育活动要面对学生所学的专业特点，力争将红色资源中承载的各类信息与他们的专业信息衔接起来，让大学生更易接受红色资源教育。例如，对于学前或英语等专业的学生来说，要引导他们关注红色资源中文物、文献的收集与学习，从专业的角度更深层次地接受红色资源的洗礼。对于理工类专业的学生来说，则应该更多地去红色资源遗址遗迹考察和学习，树立大学生对红色资源内蕴价值观欣赏、赞成以及肯定的态度，培养他们对红色资源的情感认同。第三，发挥学生党员先进性，带动大学生群体共同进步。与普通学生相比较，学生党员经过大学学习和党组织培养，相对地具有较高的理论修养和文化素养。红色资源对于增强学生党员的政治认同感、培养为人民服务的思想品格和树立崇高的理想信念有积极推进作用。通过红色资源教育，加强学生党员文化自信的养成，提升其党性修养。同时要抓住学生党员的先进带头作用，让学生党员自觉成为红色资源的学习者、传播者、坚守者、践行者，带动其他大学生认识和学习红色资源，不断增强红色资源在大学生群体中的育人成效。

第二节　校本红色资源融入高校育人实践的运行方式

将红色资源融入高校育人实践是推广社会主义先进文化的具体实践，实践过程中必须始终坚持马克思主义指导思想，尊重教育规律和学生成长成才规律。同时，整合各种红色教育资源，集聚各种教育力量，以有效可行的方式，最终达到深度融合红色资源和高校育人实践的目的。

一、红色资源在高校思政课中的有效应用

在我国高校，思政课是各个专业大学生的必修课和公共课，是面向全体学生系统进行马克思主义理论教育、中国化的马克思主义教育的重要课程。要重视红色资源对高校思政课的全过程、全方位融入，让红色资源在课堂教学和实践教学中都持续发挥好育人功能。

（一）红色资源在高校思政课课堂教学中的应用方式

1. 找准结合点，促进红色资源"进课堂"

红色资源的丰富内容和多样形式成为其在高校思政课教学中应用的优势，但在具体融入方式上，必须找准结合点。这种结合的方式可以是将红色资源的教育内容与思政课教学的内容紧密结合，也可以是将红色资源的教育形式与思政课教学的方式有机融合。在融入红色资源的思政课教学中，需要注意资源的整合和开发，将红色资源的精华贯穿于思政课教学的方方面面，使其教育内容具有思想性、针对性和实效性。同时，还需要注重教育形式的差异和变化，创新思政课教学的方式方法，将红色资源的思想教育与现代化教育手段有机结合起来，提高学生的开放性思考和实践操作能力。

红色资源的融入使得高校思政课教学内容更加丰富，然而在实施过程中需要把握好穿插红色资源内容的时机，避免生搬硬套、牵强附会。否则，

不仅不能辅助思政课教学，反而可能使学生感到教学内容生硬、教学目标过于政治化。红色资源融入高校思政课教学最理想的状态是形成合力，共同指向和培养大学生的世界观、人生观和价值观。作为思政课教学的主导者，思政课教师必须在熟悉思政课教学体系和教材内容的同时，提前考虑如何科学将红色资源内容与教材讲授有机结合，确保红色资源相关内容与课程知识点的高度匹配和有效关联。科学有效的融入方式不仅能激发学生在课堂上的积极性，使思政课堂更加生动活泼，而且能凸显教师在思政课堂上的重要作用。因此，思政课教师需要在备课阶段充分思考如何将红色资源内容有机融入教学过程，并与教学体系相互补充，以达到更好的教学效果。

红色资源"进课堂"不仅要体现在内容上，还可以表现在高校思政课教学方法的改革上。红色资源的融入可以创新课堂教学的方法。例如，以红色资源的融入为契机开展互动式教学和研讨式教学就是优化课堂教学效果的不二选择。"意识对物质的反作用"是"马克思主义基本原理"课程教学中的重要内容，如果只是以理论阐释的方式进行问题的解释难免让受众感到抽象和无趣，红色资源的融入就可以将理论化解为生动的案例进行研讨，从而提升理论教学的实效。教师可以列举"特立精神"中实事求是、敢闯新路的价值内涵说明意识对物质的指导作用的发挥，也可以围绕红色精神的当代价值进行分组研讨，将典型的红色精神指定不同的小组进行讨论，最终汇报分享，让学生既掌握了抽象的理论知识点，也对红色精神进行了深入探讨。

2. 积极编撰红色资源校本教材，推动红色资源"进教材"

红色资源以精神内涵和价值选择为内容核心，依托红色文化，挖掘和收集整理红色资源编撰校本教材是推动思政课教材体系化、多样化，实现育人实效的有力举措。红色资源校本教材的编撰要注重因材施教，既要充分利用地缘优势结合本土红色文化，也要面向本校大学生的自身发展状况，挖掘针对大学生需求、贴近大学生生活的红色资源素材编写校本红色资源教材。例如，长沙师范学院编著的《怀念徐特立同志》《徐特立文集》《徐特立传》《当今圣人徐特立》《师德楷模徐特立》《徐特立年谱》等校本教材，无一不是对徐特立革命精神和教育思想的传承与弘扬。教材从多个层面挖掘整理进行编写，结合红色资源本身的文化性和历史性特征，准确把握其中蕴含着的价值理念。

红色资源校本教材的编撰依然是为思政课教学服务，因此红色资源内容的选择和提炼要注重与思政课教学的内在联系，找到知识点和融入点的共通性，让教学内容的深度和广度都得到有效延展。

3. 推进红色资源专题讲座日常化

近年来，红色资源相关的专题讲座在各个高校都有开展，但更多是结合红色文化纪念日、党员活动主题日展开，并没有形成常态化。红色资源融入高校思政课教学应该把专题讲座形式固定为日常化教学活动。开展红色资源专题讲座的人员选择不可忽视，必须充分考虑人员的个人素质和专业素质。红色资源专题讲授可以实行"请进来"的方式，邀请校外相关专家开展红色资源专题报告讲座活动。报告的内容不必拘泥于理论讲述，而应该以红色资源为主题，开展包括红色文化发展历程、红色文化价值内涵、红色文化基本特征等内容在内的系统性学习。除了开展以红色资源研究者为主体的主题讲座外，还可以联系邀请红色革命人物及其后代，以及社会主义发展进程中的榜样人物做红色资源专题报告，让这些"红色嘉宾"的言传身教感染和教育大学生群体，以真人真事洞察榜样人物的优秀道德品质，使他们更加领会红色资源对人的精神塑造。和徐特立老先生一样，其后代对长沙师范学院的关心关爱也情真意切、感人至深：亲属兼秘书徐乾，将自己珍藏多年的与徐老相关的文物资料捐赠给学校，极大充实了学校徐特立纪念馆的馆藏内容；孙女徐禹强，把自己主编的大型纪念文集《万世师表徐特立》（上、下卷）赠予学校，成了师生学徐师徐的生动教材；外孙女徐舟（徐特立大女儿徐静涵之女），将自己一生的 50 万元积蓄，捐赠给挂靠学校的湖南省徐特立教育基金会，鼓励大家将徐特立革命精神和教育思想发扬光大；外孙徐君强出席学校举办的徐特立 140 周年诞辰纪念活动，给师生作思政报告，讲述徐老那些鲜为人知的家风家教故事；亲属徐小凤，将 140 余件徐老生前物品捐赠给学校，让师生能真切感念徐老勤俭朴实的工作及生活作风；曾外孙女徐凯（徐禹强之女），为学校举办的"徐特立 145 周年诞辰暨创办长沙师范 110 周年研讨会"发来视频致辞，为学校"赓续红色基因、传承特立精神"注入不竭的精神力量。

4. 打造红色资源品牌课件

目前，在高校思政课教学中，多媒体课件广泛应用，成为重要的教学工具。将红色资源融入思政课教学需要借助这一工具，组织更多人力和物力资源，积极制作品牌化的红色资源课件并进行推广。这样可以让更多思政课教师在教学过程中利用红色资源课件，节约板书时间，更好地掌握和运用相关素材。制作红色资源品牌课件能够激发学生在思政课教学中的积极性和主动性，相较于单调的板书设计和语言讲授，课件展示了丰富的图片、影像等素材，调动了学生对红色资源的情感认同和时代代入感。制作红色资源课件需要以思政课的理论体系为基础，构建相应的课件体系，并与思政课教材体系相协调。此外，红色资源品牌课件的制作要紧跟红色资源和时代的发展步伐，不断更新课件内容。在表达形式上，除了图片和影像资料外，也可以融入音频、动漫等红色资源素材。同时，要密切结合时代的需求，不断进行内容的更新和升级。通过制作红色资源品牌课件，可以使思政课教学更加生动有趣，提高学生的参与度和理解度。这种融合思政课教学和红色资源的方式，能够更好地传达红色资源的精神内涵，并促进学生的思想成长和价值观培养。

（二）红色资源在高校思政课实践教学中的应用方式

红色资源不仅要"进课堂""进教材"，更重要的是要"进头脑"，真正影响大学生世界观、人生观和价值观的塑造。思政课实践教学就是要促进大学生知行合一的实现，只有在红色资源实践教学开展的基础上才有可能实现红色文化真正地入脑入心。

1. 建设红色资源教育实践基地

教学必须结合地缘优势，依托相关革命遗址、红色文化博物馆、烈士陵园等资源建立社会实践教学基地，既从根本上改变高校思政课仅局限于课堂的现状，也可以有效实现红色资源物质资源的育人功能与高校思政课实践教学的完美对接，促成多赢效应的实现。高校要积极同政府以及红色资源基地沟通协调，建立长期的联系合作关系，例如，长沙师范学院在探索红色资源育人的实践过程中，大力推进红色文化资源实践教学基地建设，积极打造红色实践育人路线，同时利用小长假、寒暑假等相对较长的假日时间合理选取革命老区红色景点开展实践教学。

2. 设置红色资源实践教学课程

将红色资源融入高校思政课实践教学需要以培养目标为导向，在培养方案和课程设置上充分体现红色资源实践教学的重要性。学校应该依托红色文化教育实践基地，开展实践课程教学，并深入挖掘红色文化精神的时代内涵，发挥红色资源的优势。为此，学校还应面向整个社会开展调研，了解和研究存在于社会中的各种思想观念、文化思潮、舆论焦点、道德倾向等。组织开展面向社会的宣讲活动，运用新媒体和传统媒体进行传播，吸引社会关注，弘扬正气，倡导崇德向善，引导社会风尚。这样的实践教学模式不仅能够加深大学生对红色资源的理解和认同，还能够提升他们的实践能力和社会责任感。通过参与实践活动，学生可以亲身感受红色资源的价值和影响力，有利于进一步培养他们的社会参与意识。

二、红色资源在高校课程思政中的有效应用

要有效地将红色资源应用于高校课程的思政实践活动中，需要将其与课程中的思政要素相融合。此外，必须运用红色资源教育方法来影响和提升课程思政的实施效果，并创新丰富授课方式。可开设红色资源特色课程，通过专业课程更好地融合和展现红色资源丰富的精神内涵和多样的表现形式。这样不仅能够加深学生对红色资源的理解和认同，同时也能够激发学生的学习兴趣和积极性。通过结合红色资源与思政课程，提升学生的思政素养，拓宽学生的思维视野和文化素养。通过采用创新的教学方法和教材，将红色资源融入教学过程中，激发学生的学习动力和参与度，加深学生对红色资源和红色精神的认识。

（一）思政元素与红色资源同向同行

2020 年 5 月，教育部印发的《高等学校课程思政建设指导纲要》指出：
"高等学校人才培养是育人和育才相统一的过程。建设高水平人才培养体系，必须将思想政治工作体系贯穿其中，必须抓好课程思政建设，解决好

专业教育和思政教育'两张皮'问题。"高校课程思政建设刻不容缓，课程思政如何推进，最关键的问题在于专业课教师对课程中思政元素的挖掘。红色资源本身就是天然的思政教育元素，红色资源中蕴含的红色文化与课程中的思政元素相结合就是要让教师从各类各门课的课程知识体系、价值体系中深挖蕴含的思政因子与红色文化基因，让其共同发挥立德树人的功效。尽管不同类型的课程其思政元素的类型和特质不尽相同，但各级各类课程中的思政元素可以区分为思政、科学和文化素养/元素三大类和若干小类，如表 5 - 1 所示。

表 5 - 1　思政元素分类及其特征

思政元素大类	思政元素小类		特征
思政素养	国家	富强、民主、文明、和谐	价值目标
	社会	自由、平等、公正、法治	价值取向
	个人	爱国、敬业、诚信、友善	价值准则
科学素养	精神	质疑、批判、创新、求真	科学本质
	态度	诚信、务实、严谨、执着	科学作风
	行为	主动、进取、争先、坚毅	科学准则
文化素养	鉴赏	自信、包容	文化取向
	传承	守正、创新	文化准则
	交流	平等、互鉴	文化行为

　　思政元素中爱国、敬业、文明、诚信、创新、求真等内容是红色文化内涵的核心要素，也是红色文化精神不断传承、发展的价值目标。例如，2023 年 12 月 19 日晚，伴随着悠扬的琴声，"琴韵华章，伴你成长——课程思政钢琴音乐会暨湖南省一流本科《钢琴》教学汇报"在长沙师范学院田汉剧院举行（见图 5 - 4）。音乐会以"传播中国声音，讲好中国故事"为主题，通过"品经典""忆童年""展未来"三个章节，演奏中国钢琴音乐经典、追忆儿时音乐记忆，展望美好未来，此次活动是一次创新融合的教学实践，通过提炼钢琴作品内在的红色基因和思政元素，增强学生的民族文化自信和认同感，培养学生的家国情怀，赓续长沙师范学院百年红色传统，努力完成好"立德树人"的根本任务。

图 5 − 4　课程思政钢琴音乐会现场

（二）红色资源教育方法与课程教学方法相辅相成

通过将红色资源融入专业学习课堂，学生不仅能够扩展知识面，加深对红色资源的理解和认知，还能够在学习过程中感受红色资源的影响和价值，提高学生的思政素养和综合能力。红色资源教育的主要形式是隐性教育，这种教育方式以整个教育环境作为主要载体，包括大学生的文化活动、日常生活以及专业学习等领域。隐性教育方法并不是单一的，而是包含一个完整的方法体系。隐性教育方法能够更好地促进学生的全面发展和个性发挥，激发学生的探究和创新精神。通过运用不同的隐性教育方法，如渗透教育法、体验教育法和榜样激励法等，将红色资源融入课程思政中，能够落实师生共同育人的理念，进一步提升课程思政的实践效果和育人能力。

渗透教育法是指教育者将教育的内容渗透到受教育者可能接触到的一切事物与活动中，潜移默化地对受教育者产生影响的方法。课程思政的实现需要利用红色资源营造积极向上的课堂氛围，以此来实现对受教育者潜移默化的影响。例如，长沙师范学院在美术学学科教育中就可以充分融入红色资源素材营造课堂氛围，教师将红色资源为主题的经典美术作品借助传媒载体进行播放，挖掘红色美术作品背后的创作故事并讲述给学生们听，让专业课教学也能寓教于境，用课堂教学环境中红色文化价值的渗透培育人。

体验教育法是一种利用红色资源进行育人的课程思政方法。将红色资源融入课程思政，通过体验教育的方式进行实践，不仅仅是简单的社会实践，而且将红色文化因素与课程教学的实践需求相结合，以实现红色文化的育人功能并落实课程思政的实践效果。通过体验教育，学生可以亲身参与和感受红色资源的精神内涵与历史意义，进一步加深对红色文化的理解和认同。通过参与红色资源相关的实践活动，如参观革命历史遗址、开展红色主题的实地调研等，学生能够深入了解和体验红色文化的价值和影响力，提高其情感认同和文化自信，培养爱国情怀和社会责任感。学生能够从实践中获得身心的成长，增强团队协作和问题解决的能力，促进个人全面发展。

榜样激励法也是红色资源教育常用的一种方法，将这种方法运用于专业课程教学能够很好地促进高校课程思政建设。无论什么专业或者课程，总会有该专业领域的代表人物，而且这些人物也可以是当下对该学科和领域作出贡献的榜样。例如，"特立精神"是新时代红色文化传承中的精神代表，徐老一生坚持立德树人初心，扛牢为党育人、为国育才使命，在其"革命第一、工作第一、他人第一"精神指引下，让学生既从中学到他们的教育理念，也了解到其为无产阶级教育事业艰苦开拓、创造辉煌的人生追求，用榜样对照自己的所作所为，让榜样的力量感染自己对正确职业观和教育观的树立。

三、红色资源在高校校园文化建设中的有效应用

将红色资源纳入高校校园文化建设可以促进其在高校中的大众化普及，然而，这样的工作并非一蹴而就，学校需要将红色资源纳入长期规划并坚持执行。首先，学校应将红色资源融入校园文化建设的整体规划中，并充分意识到将红色资源与校园文化融合的重要性和红色校园氛围对文化育人的积极作用，以确保全面支持红色资源进校园的有效落实。其次，需要积极建立红色资源进校园的纽带桥梁。学校应推广红色资源知识，促使学生了解红色资源的精神内涵，并发挥高校团委、学生会、文化社团等组织的作用，调动学生的积极性，形成学校整体规划、教师协调指导、学生主体参与的发展模式。尤其要重视对学生党员的红色文化教育，以榜样示范、党性传承和道德涵养的方式，提升学生党员对红色资源的认同水平。最后，学校需要尝试建立监督考评机制，以确保红色资源进校园的有效实施。有

关部门应管理校园文化建设，并及时了解进展情况，总结经验教训，适时调整红色资源进校园的政策措施。

（一）红色资源融入校园环境建设

红色资源融入校园环境建设首先是要利用好高校已有的红色物质文化。高校的建设、发展有其自身的历史轨迹，许多高校从革命战争年代走来，对其发展历史的挖掘就是红色文化精神的显现。因此学校校史馆、纪念馆这些集中承载学校历史和精神文化的物质载体是高校实施红色资源校园建设不可多得的宝贵资源。例如，长沙师范学院依托校内徐特立纪念馆为在校大学生教授"红色课程"，并加大校园红色资源的开发利用力度，让红色文化精神贯穿校园文化建设的各个环节。

与此同时，校园红色资源建设不能忽视图书馆的重要作用。图书馆应充分发挥在文献资源挖掘、整理和建设的专业优势，利用阅读推广的实践经验积极参与到校园红色资源建设之中，以营造良好的校园红色文化氛围，推进红色资源育人实践。比较有效的方式主要有高校图书馆立足本土红色资源推进纸本资源建设。红色资源纸本资源是相当重要的历史资料，其具有不可再生的特点，极具收藏价值。红色资源可以通过馆藏展览等方式让其与学校师生见面，让无声的历史印记进一步激发大学生心中对红色资源的情感共鸣。另外，电子信息技术的发展让红色资源纸质资料的形式转化成为可能，图书馆可以将其进行数字化制作，并将制作成的电子图书和资料利用图书馆电子屏幕墙滚动播放，于无声处濡染师生精神思想。

除了校史馆、纪念馆、图书馆等作为校园红色物质文化载体的建筑之外，红色资源也应该通过物质建筑将其抽象的文化精神直观地呈现在学生面前。校园中以红色资源为主题的雕塑、楼宇、桥梁、公园等建筑物，是其在校园景观中融合的具体体现。在校园园林设计中，国旗国徽图案、以革命志士命名的小路、楼宇等元素也是红色资源的传递者。这些园林、建筑充满着红色资源的价值观念和思想精华，包含着人民大众的创造力和想象力，同时也是社会主义核心价值观、主流文化和良好审美观的可视元素。通过这些物质建筑的设计融入红色资源，可以更好地增强校园文化的魅力和影响力，营造出浓郁的红色校园氛围。

（二）红色资源公益宣传进校园

将公益宣传融入校园是高校红色资源建设中的重要方式。高校可以作为主办方，也可以充分利用社会力量，借助政府宣传部门的活动推进红色资源的影响力和传播力。公益宣传形式可以线上或者线下，且高校应当抓住时间节点，通过多种类型的校园宣传活动来呼吁广大师生参加。例如，在建党节、建军节、国庆节、抗日战争胜利纪念日等时机设置多样的校园红色文化展览、知识竞赛或公益演出等活动，强调活动外在形式，凸显活动的主题性，深入展示红色文化主题，引领广大师生回顾红色岁月、感悟红色精神（见图5-5）。线上红色文化公益宣传则需借助互联网技术，利用新媒体平台推进。高校可以引进政府推出的红色文化公益宣传技术平台来加强网络宣传，例如"学习强国"、红色文化网等平台，都是线上红色文化教育中的优质资源。

图5-5　长沙师范学院举行庆祝中国共产党成立100周年活动

（三）红色资源学术活动进校园

学术活动在高校是阐述和交流学术思想、促进科学研究的重要平台，在校园文化建设中起着关键作用。学术氛围和学术理论的渗透赋予校园文化独特的特点。红色资源学术活动在高校的开展自然会潜移默化地用"红色学术"影响力濡染校园文化。

案例

纪念田汉先生诞辰 125 周年学术研讨会在长沙师范学院举行

2023 年是长沙师范学院杰出校友、国歌词作者、著名戏剧家田汉诞辰 125 周年。为庆祝田汉诞辰 125 周年，传承田汉文化、弘扬爱国主义精神，学校特举办纪念田汉诞辰 125 周年学术研讨会（图 5-6）。

图 5-6　学术研讨会现场

讲好国歌故事，弘扬田汉文化大有文章可做，可以从以下四个方面进行：一是田汉文艺研究更"深"，系统挖掘"国歌精神"内涵、思想内容；二是红色文化传承更"新"，以田汉为突破口，表现实现，介入现实，不断挖掘长沙师范学院红色文化，传承湖湘文化体系；三是文艺创作实践更"美"，把田汉文化融入当今的艺术创作当中，把田汉主题的创作与新时代人们精神文化的需求结合；四是文化育人效果更"强"，以美育为抓手，把田汉红色文化浸润到现实的生活当中。

国防大学教授、田汉基金会秘书长、田汉亲属欧阳维代表田汉基金会捐赠田汉先生铜像 1 座、《田汉全集》（20 卷）1 套、《田汉研究》第三辑 32 册；冯来捐赠长沙师范学院校史资料 3 件；刘平捐赠图书 1 本。现场，田汉基金会与长沙师范学院还签订了合作备忘录。在田汉文化交流与学术研讨中，欧阳维从田汉艺术思想研究和"田汉学"的建立等两方面系统讲述了田汉为推动中国进步文艺事业发展作出的卓越贡献。他认为，可以从艺术与政治、艺术与社会生活等方面，开展田汉艺术思想研究，可以从艺术的服务性与立场性、艺术的形式与内容、艺术的传统与现代、中国艺术与外国艺术、田汉的话剧与戏曲等方面，探讨建立"田汉学"的可行性。他认为田汉文艺研究具有综合性、系统性、丰富性三个特性，我们要以点带面，全面研究，建立学科体系，促进"田汉学"开设，深入研究追求唯美、展现社会风貌的作品；我们要建立有中国气派的戏剧体系，让中国戏剧扬名世界，努力谱写出无愧于祖国、无愧于人民的辉煌篇章。

会上，与会代表深情回顾田汉同志的艺术成就，缅怀田汉同志的精神风骨，深入探讨了田汉精神在当代的意义和价值。何杰、王洁群、刘舸、龙永干、西拉、陈彭越、冯来等领导专家先后发言。大家表示，田汉同志的杰出艺术生涯是感人至深的，激励人们不断前行。我们要学习田汉的崇高品质，要坚守信仰、怀揣情感、承担责任；我们要学习并传播田汉精神中蕴含的以人民为核心的民本精神、以爱国主义为核心的博爱精神、以勇于探求和捍卫真理的斗争精神、以推动中国新文化建设为己任的创新精神，不忘初心、牢记使命，为国家文化事业的繁荣发展不懈努力。

田汉先生是百科全书式的文化巨匠，是国歌词作者和杰出的戏剧家，是中国现代戏剧的奠基人、戏曲改革的先驱者、戏剧运动的组织者和戏剧事业的领导者。此次研讨会为全面研究田汉历史功绩、弘扬田汉精神作出了长师贡献。未来，学校将进一步投身"红色长师"建设，在奋进新征程、建功新时代中传承红色基因、厚植家国情怀；进一步增强历史自觉、坚定文化自信，让红色基因代代相传，为实现中华民族伟大复兴而团结奋斗。

随着红色文化理论探索的不断深入，越来越多的红色文化研究学者涌现，而红色文化理论研究不仅需要人才储备，更需要学者之间广泛交流、互相学习、宣扬思想。为此，理论研讨会和报告会成为红色文化研究者分享学术成果、交流研究思路的重要平台。在我国，许多与红色文化有关的研讨会和报告会都依托于高校顺利开展，有些会议也因其高水平的学术贡献在界内产生深远影响。例如井冈山大学承办的"高校红色文化资源育人专题研讨班"，长沙师范学院承办的"纪念田汉先生125周年诞辰学术研讨会"等。这些学术交流活动无疑对红色文化理论的创新和发展起到了积极的推动作用，同时也是对红色校园文化建设的有力补充。

（四）红色资源文艺活动进校园

校园文艺活动一直是高校校园文化建设中备受师生喜爱和接受的活动形式。将红色资源融入校园文艺活动的目的是赋予其更强的思想性，使得文艺活动既能在舞台上展现出强大的表现力，同时在舞台下具备感染力。通过红色文艺活动，能够给予大学生视觉和听觉上的冲击，更真切地传达红色精神的内涵，提升大学生的思想道德素养，帮助他们树立正确的人生理想和价值取向。在形式上，红色文艺活动可以利用红色资源的多样性，丰富文艺活动的表现形态，包括歌唱比赛、演讲比赛、舞蹈演出，以及话剧、歌剧、微电影等形式。总之，通过各种艺术表演形式，让大学生群体从多个角度、多个方面、多个渠道去学习红色资源相关知识、体验红色文化内涵、领悟红色文化精神。

高校的红色文艺活动应该时刻关注学生的所思所想，以学生需求作为红色文艺作品的创作指南。但不可只着眼于红色资源的单纯宣传而忽视了大学生情感和心理上的需求。从组织形式来讲，红色资源融入校园文艺活动必须依靠校团委、学生处和高校各个文艺社团，以学生为文艺活动的最主要群体。让学生在创作、排练、演出的过程中不断感受红色资源的魅力、接受红色精神的浸染，感悟红色文化精神内涵，让五彩斑斓的红色文艺表演成为大学生演绎真善美、传递真善美的舞台。从活动效果来讲，红色文艺活动不是理论教育却胜似理论教育，是用红色艺术作品代替枯燥的理论说教，直击大学生的内心世界。例如，长沙师范学院红色民族歌剧《先生》（见图5-7），聚焦伟大的无产阶级革命家、教育家，"延安五老"之一的徐特立，用民族歌剧的形式，再现徐特立早年为实现教育救国理想，在长沙艰难办学的艰苦历程，生动刻画了徐特立致力于新式基础教育所面临的阻挠以及为此作出的不懈斗争，刻画了他致力于平民教育、师资培养乃至"破家兴学"的崇高境界与理想追求，致力于启迪民智、培育栋梁且爱生如子、含辛茹苦的"大先生"形象。红色文化的魅力不会因为时间的推移而消减，其中包含的精神价值也从未过时，红色资源融入校园文艺活动就是以艺术的形式将红色文化的生命力不断延续，将红色文化的思想政治教育功能不断发扬光大。

图 5 – 7　学校大型原创红色歌剧《先生》首演

四、红色资源在高校传播媒介中的有效应用

随着互联网信息技术不断更新换代，红色资源在网络新媒体平台上的传播也随之飞速发展，传播对象逐渐扩大。高校应当注重将红色资源融入校园网络新媒体中，同时不能忽视在宣传栏、黑板报等平面媒介以及校园广播、电视等传统媒介中发挥红色资源宣传的作用。积极地在高校建立以红色资源为主题的思想文化舆论阵地，充分发挥红色资源在育人方面的功能。

案例

红色电波永不消逝——肖伟绘画新作《李白烈士》出版发行

由中共长沙市委宣传部、长沙市委党史研究室出品，国家一级美术师、中国美术家协会会员、长沙师范学院教师肖伟担任绘画创作的《李白烈士》（见图5-8）正式出版发行。该作品是继《坚强的老战士徐特立画传》《国歌嘹亮田汉画传》出版发行后，肖伟主创的第三部红色题材绘画研究著作。

李白，原名李华初，曾用名李朴、李霞、李静安等，湖南浏阳人，2009年被评为100位为新中国成立作出突出贡献的英雄模范人物之一。《李白烈士》是"长沙红"系列连环画的首发作品，主要反映李白从懵懂少年磨砺为坚强的革命战士、无线电台领域的佼佼者、坚贞不屈的革命烈士的感人事迹，特别是重点突出了李白和战友们在白色恐怖的上海机智果敢、确保红色电波永不消逝的经典场景，集中体现了李白烈士绝对忠诚、百折不挠、视死如归的高贵品质和英雄气概。

图5-8　《李白烈士》绘画作品

肖伟老师近年来致力于红色人物主题创作，现公开出版《坚强的老战士徐特立画传》《国歌嘹亮田汉画传》等多部著作，举办了"长沙文化名人系列——坚强的老战士徐特立专题创作展""国歌嘹亮"田汉主题创作水墨作品展等多项专项展览。他希望能通过线上、线下展览等形式与活动，积极发挥艺术作品的社会服务功能，推动红色文化教育的落实落地，打造出较为完整的红色文化实践育人的生态体系。

（一）红色资源在传统传播媒介中的有效应用

传统媒介是传播红色资源的重要渠道，通过创新传播内容和形式，可以将其传播得更加生动有趣。在使用宣传栏、校园展板等平面媒介时，首先考虑采用颜色渲染、精心设计和布局等方法来吸引大学生的关注，并激发他们对红色资源的好奇心，展现"新感觉"。其次，应该充分发挥学生的主导作用，让他们参与到展板、宣传栏、黑板报等平面媒介的创作与设计中，融入自己所理解和认识的红色文化元素。例如，通过运用漫画、表情包等青年化元素，更好地表达大学生对红色资源的热爱和认同。这样不仅能够激发学生的热情，还能让他们在阅读和观赏中，更深刻地理解和感受红色资源的生动化和生活化。最后，要灵活运用传统媒介，实现"千人千面"的宣传效果。针对不同专业的学生，结合他们的学习内容和兴趣爱好，进行个性化的红色资源宣传，从而达到更好的教育效果。

（二）红色资源在网络新媒体传播媒介中的有效应用

当前微时代已经来临，"微传播"已经成为当前信息主流的传播方式之一。"微传播"模式自身具备传播范围广、辐射人数多等特点，受到在校大学生群体的喜爱和追捧。例如，抖音短视频、微博短文、微信视频等诸多形式，都是当前广大学生喜闻乐见的信息接收途径。而且在互联网当中，大学生群体属于较活跃的群体之一，必须在大学生群体喜爱的、常用的新媒体传播平台融入红色资源内容，以此来冲击西方诸如拜金主义、享乐主义等思想在媒体平台上的传播，防止不良思想对大学生思想政治观念和价值心理造成消极影响。

"微传播"模式自身具备数据信息传递实时动态化、数据信息海量化、数据形式碎片化等诸多特点。结合大学生实际情况来看，大学生群体的碎片化时间相对较多，"微传播"信息传递模式在一定程度上契合了大学生日常生活特点。将红色资源，借助"微传播"渗透给广大学生，可以真正让学生在学习之余，随时随地了解红色资源知识和精神，实现"学微、用微"，真正实现红色资源与微传播之间的无缝对接。在"微传播"模式下，还可以将学生喜闻乐见的信息传递给广大学生，实现红色文化传播效率最优化，如长沙师范学院加强徐特立研究，认真做好徐特立纪念馆接待工作，持续打造"特立精神高地"，微电影《火种》获全国高校大学生微电影展示活动特等奖，《红色日记本》获评教育部关工委 2023 年"读懂中国"活动优秀舞台剧，《国歌嘹亮田汉画传》获评湖南省优秀社会科学普及作品。学院坚持讲好学校的"红色故事""奋进故事""育人故事"。

　　传统的红色文化教育主要依靠课堂教学，缺乏学生的反馈和参与，使教师难以了解学生的兴趣和观点，不利于红色文化教育的改进。为了改变这一现状，可以借助互联网和"微传播"模式开展红色文化教育。通过互联网信息传播平台，及时征集学生的评论和观点，通过对红色资源视频和文章的点赞与评论情况进行搜集和分析，获得大数据信息，明确学生的想法和他们喜欢的红色资源内容。这样的数据信息基础可以为后续的红色资源教育工作提供扎实的支持，确保工作的顺利进行。同时，通过这种方式，学生能够更加积极地参与红色资源教育，使教育过程更加互动和有趣。"微传播"模式可以将红色资源教育转变为互动式教学，充分展现出学生在知识教学工作当中的主体地位，让学生可以自由、公平地表达自身观念和想法，引入大数据信息搜集分析技术，为后续教育工作调整优化带来了便捷。"微传播"模式的信息传递平台也具备开放性，借助互联网丰富的教育资源，还能够为学生们拓宽视野、拓宽知识面提供便利条件，转变传统单向知识传递的窘境，为红色资源教育高质量实施奠定基础。

五、红色资源在高校网络文化建设中的有效应用

　　习近平总书记在党的二十大报告中强调，要"巩固壮大奋进新时代的主流思想舆论，加强全媒体传播体系建设，推动形成良好网络生态"，为高校做好网络思想政治教育工作提供了新的指引。进入网络时代，高校学生对互联网平台的黏性不断增强，网络已然成为高校开展思政教育工作的重要阵地和关键一环，加强高校网络思政教育工作内容建设势在必行。

网络信息技术的发展对教育领域的影响是多方面的，结合当前复杂网络环境对高校学生的影响，积极开展网络思想政治教育已经成为各大高校思政教育体系的核心内容。

（一）高校网络思政教育中红色资源育人的重要意义

中国共产党光荣的革命历史和厚重的历史记忆，蕴含了丰富而宝贵的红色资源。红色资源既涵盖了固化的物质文化形态，更承载了早期中国共产党人前仆后继、开拓创新的伟大革命精神，具有极大的教育价值，是高校开展网络思政教育的生动教材。讲好红色故事，用好红色资源，利用网络平台实现红色传承与高校网络思政教育的有机融合，让红色资源发挥时代价值，对于激活红色资源价值，增强高校网络思政教育工作实效，落实立德树人根本任务，具有十分重要的现实意义。

在建党百年的时代背景下，将红色资源融入高校网络思政教育，将红色历史文化以高校学生喜闻乐见的形式搬上网络平台，对红色资源进行系统化梳理和教育实践的平台化整合，有利于推动红色资源内蕴挖掘及教育价值的发挥，让红色文化、红色精神、红色故事"活"起来，为高校网络思政教育激活红色资源价值提供新思路。红色资源作为中华优秀传统革命文化极其重要的组成部分，为高校网络思政教育提供了重要内容。新时代高校网络思政教育旨在立德树人，引领高校学生了解、把握党带领中国人民艰苦奋斗的历史进程和历史规律，体悟中国特色社会主义的应然和必然，坚定"四个自信"。红色资源的政治性和教育性，使得其具有重要的思想政治教育价值。

（二）高校网络思想政治教育与红色资源融合的有效策略

1. 高校对红色资源进行整合、融合、转化与创新，拓展网络思政教育的内容

高校网络思政教育的开展需要借鉴丰富的红色资源，红色文化凝结了中国共产党和社会主义在前进道路上的先进思想和理念，但是红色资源也有多种层次和类别，在实际的网络思政教育过程中需要对其进行高效的整合、融合、转化以及创新。例如教师可以借助多媒体播放与红色资源相关的影视资料，让学生有身临其境的感觉；也可以通过呈现历史资料让学生

了解红色资源的背景和来源；还可以通过教师的语言表达和生动的讲解让学生了解革命先辈的故事等。

网络思政教育不能仅仅局限于政治教材之中，教师需要扩宽网络思政教育的内容，定期开展红色主题班会并举办相应的活动，鼓励学生积极参与。在此过程中教师可以创新红色资源教育的内容，例如，组织学生参观红色革命地、讲述红色故事、唱红歌、观看经典的革命影视剧等，通过实地参观革命根据地加深学生对红色文化的理解，因为红色资源距离学生的生活较为久远，有的学生并不能深刻地理解革命先辈们的辛苦以及红色资源的深刻内涵，通过这种方式学生不仅能够了解红色资源的历史渊源，更能够学会其背后的红色精神。如长沙师范学院马克思主义学院学生宣讲团开展"青春践行二十大，理论宣讲助成长"主题宣讲进宿舍活动，激励学生自觉履行使命担当，赓续党的精神血脉，将学习成效转化为实践动力，积极投身于社会主义建设事业。

对红色资源的整合与创新能够帮助学生在网络思政教育过程当中体会到乐趣，把教育落到实处，使学生产生对网络思政教育学习的热情和积极性。

2. 搭建红色资源网络教育平台，创新网络思政教育的表现形式

在当今的互联网时代，学生的学习和生活都与互联网息息相关，因传播信息的速度之快和范围之广，互联网成为学生获取信息的首要渠道。红色资源的传承需要借助网络教育平台，要利用好互联网所发挥的积极功能和作用。高校可以通过网站的建立来传承红色资源，红色资源网站中的内容要具备政治和教育这两个要素，使学生在此类网站上获取网络思政教育所需要的资料和素材。红色资源网站会根据时政的变化而定期地更新，学生可以在浏览网站的同时了解到最近的政治时事和国家发布的政策。但是在此过程中要注意红色网站的相关内容要符合学生的认知水平，观点的输出要具有正向的引导作用，内容不能过于死板，可以结合学生周围的学习和生活来增添内容的趣味性，加入一些具有思想性的内容引发学生的深入思考。

在高校网络思政教育课堂中，教师应该根据学生的情况选择合适的红色资源，发挥网络思政课程的有效性。红色网络教育平台的搭建可以改变传统的教学方式，增加思政课堂的活力。教师也要熟练掌握信息化的操作

技术，引入多媒体进行信息技术的教学，打破传统课堂教学中单一化的教学形式，注重学生在课堂中的参与性，在学习和讨论过程当中进一步体会红色资源的深刻意义。

3. 构建线上线下协同合作的育人模式

目前，随着网络技术的不断发展，思想政治教育工作显现出向网络空间延伸的趋势，也更加关注线上教育与线下教育的联动。随着慕课等线上学习平台迅速发展，各部门、各高校也相继大规模开放各具特色的在线课程，为大学生提供线上线下相结合的专门课程。在开展线下教学时，可以在进行课程内容讲解的同时，将相关红色故事穿插其中，运用多媒体对故事进行实景展现，并结合课程内容进行分析。在进行线上教学时，更要充分发挥网络优势，运用好已有的网络资源。由《中国教育报》主办、长沙师范学院校附属幼儿园承办的第七场"名园现场会"（见图5-9），在附属幼儿园举办，此次活动以线上线下相结合的方式组织，来自全国各地的150余名专家、园长、教师现场参与，线上观看近30万人次。此次活动主题为"最光荣的任务——传承徐特立教育思想 保证儿童身心平均发育"，分为"追溯 源远流长""探寻 特立笃行""生长 师韵青荷"三大板块，包含园所参观、文化体验、开场仪式、名园时刻、专家视角、主题沙龙等多项内容，把红色资源育人的功能发挥到实处。

图5-9 "名园现场会"现场

第三节　校本红色资源融入高校
育人实践的运行途径

大学是文化创新的基地，是以文化人的重要场所，塑造着社会发展进步的主体——人的素质，这是大学文化意义的基本蕴含。红色资源的融入需要以高校为依托，利用其重要地位和影响力，引导大学生树立正确的价值观念并激励其情感，加强精神教育，以提高学生的品德素质和完善人生修养。通过红色资源的熏陶，大学生能够进一步升华自己的人生价值和精神追求。

一、完善红色资源融入高校育人实践的体制建设

高校是大学生系统地依托红色资源进行文化育人的主要场所，应完善与此相关的运行体制建设，促进高校红色资源教育活动的顺利开展。

（一）保障体制的完善

1. 重视红色教育师资队伍的培育

红色资源融入高校思想政治教育取决于教师作为育人主体的作用。成为高校红色教育师资队伍的一员意味着承担着高校思想政治教育工作的重要责任。这就要求教师具备马克思主义理论素养，准确把握思想政治教育的主旋律，正确理解红色文化的思想内涵，愿意传承和弘扬红色文化。教师还应该正确把握社会舆论导向，自觉抵制各种不良网络信息对学生思想的侵蚀，并引导大学生自觉抵制西方资产阶级在意识形态领域的思想渗透，营造有利于实现中华民族伟大复兴中国梦的网络舆论氛围。教师在实施红色资源教育中应该以科学的理论武装学生，以正确的舆论引导学生，以崇高的精神塑造学生，以优秀的作品激励学生，从而使红色资源可以在大学生思想政治教育的阵地上占据重要位置。

知识链接

高校在选配红色教育师资队伍时的注意事项

一是队伍组成人员要多样化，不能仅局限于思政课教师，而应该将辅导员、专业课教师和相关的行政工作人员都纳入红色教育的师资队伍中来。除此之外，还可以将红色文化研究的知名专家学者也纳入高校红色文化教育的师资队伍中，可以邀请他们定期或不定期地开展红色文化专题讲座，也可以利用多媒体学习平台，让专家学者参加本校红色文化教育活动的指导工作。

二是对于红色教育师资队伍建设要加大培训和管理的力度。针对这一师资队伍的红色资源培训学习活动要常态化，建立一项贯穿于职前、职中的培训体系，让红色资源的最新理论成果、研究动态、时事新闻都能尽快地被红色教育师资队伍所掌握，让他们将这些红色资源相关知识快速准确地传递给青年大学生群体。

三是高校应鼓励红色教育师资队伍积极参与到红色资源的科学研究中去。红色教育师资队伍具备不同的学科背景，并且其工作岗位也有所区别，可以利用这些优势形成互补合作的科研创新团队，以不同的科学研究视角、针对不同的问题进行研究。鼓励红色教育师资团队带头加入当地红色文化资源的研究中去，用科研成果提高人们对当地红色文化资源的了解度和认同度。

四是要提高红色教育师资队伍的网络技术水平。红色资源融入思想政治教育离不开网络平台媒介和技术的支持，红色教育师资队伍的网络水平直接关系着红色资源在高校新媒体平台宣传和教育的有效性。因此，师资队伍要迅速适应时代新要求，加强对网络技术的学习，努力提高计算机运用能力；加强对网络法律法规的学习，提高自身的网络道德水平，将自己打造成为懂网络、高素质的复合型思想政治教育工作者。

五是要改变"重理论、轻实践"的传统理念。红色教育师资队伍是红色资源的传授者、传播者，更应该是红色资源的践行者，要切实投入红色资源教育活动实践中，带领学生体会红色资源的历史感召力和现实渗透力。

2. 红色资源融入高校育人实践的物质保障

无论是建设高校红色资源基地，创建红色文化专题网站，还是组织红色文化研学旅行，都需要充足的物质保障来支撑这些教育活动的开展。高校应该提供资金保障，确保教育活动有丰富的物质资源和良好的环境条件。物质保障不仅仅是资金保障，还包括高校的各种实体场所，如图书馆、文艺馆、大学生活动中心、校史馆、体育馆等，这些场所是红色资源融入高校思想政治教育必不可少的物质载体。高校应该注重管理和维护这些场所设施，以确保红色资源教育活动能够顺利进行。如长沙师范学院的徐特立纪念馆，由长沙师范学院宣传统战部托管，具体事务由徐特立纪念馆办公室负责，同时接受各级文物管理部门的业务指导，其日常办公及维护经费主要由长沙师范学院拨付。

3. 红色资源融入高校育人实践的制度保障

促进文化的发展创新并使之体现出时代性和实践性特征，既需要法律的全面保障，也需要制度的具体推动，从而形成完善的体制和机制，保障红色资源持续有序地传承发展。一是要以制度的形式保证红色资源在高校育人实践中的运行；二是要以制度的形式规范红色资源在高校的传播；三是要用制度促进红色资源在高校的传承与育人实践融合并进。

（二）管理体制的优化

红色资源融入高校思想政治教育对高校的文化育人工作提出了更高的要求。因此，高校需要优化红色资源管理体制，推动红色资源在高校的传播和发展。学校党委应将红色资源融入思想政治教育工作作为重要任务，统一管理和部署，将其纳入马克思主义理论宣传和主流意识形态教育的范畴。同时，整合高校人才资源和智力资源，积极参与红色资源教育工作，以高校为平台推动红色资源的宣传和红色精神的传承。此外，加强高校学术委员会对红色资源科学研究的领导和管理，发挥教师在红色资源教学中的作用。在教学和科研前线，坚持民主原则，鼓励教师对红色资源融入思想政治教育工作提出意见和建议，并进行论证和交流，以实现科学的红色资源教育理念。通过这些努力，逐步形成自由民主的学术氛围，为高校营造良好的育人环境。

落实红色资源融入高校思想政治教育工作也需要高校的监督管理做支撑，要将红色资源育人实践教育纳入学校督导的工作中去，监督和指导各个二级学院、各个教研工作室和教师及其行政人员在工作中自觉贯彻执行红色资源育人实践，并且选出工作中的典型范例在学校进行推广，形成带动效应。

（三）协作体制的加强

案例

北京理工大学师生来长沙师范学院追寻徐老初心

一群青春洋溢的大学生，他们身着统一的白色衬衫，衬衫前后分别印着"青年服务国家""北京理工大学学生社会实践团"字样，原来他们是来长沙参加暑期社会实践的北京理工大学的学生。长沙师范学院徐特立研究中心、学生工作处等部门，热情接待了远道而来的客人，在南校区二楼中心会议室举行了座谈会（见图5-10）。

图5-10　暑期社会实践

学工处姚建军副处长主持会议，徐特立研究中心梁堂华主任致欢迎词。梁主任指出，长沙师范学院是由徐老创办的百年老校，北京理工大学是由徐老倡议创办并曾担任院长、对学校发展影响深远的一所名校；因为徐老的缘分，大家坐到了一起，重温徐老的光辉生平，追寻徐老初心；希望以后两所学校进一步加强联系，共同传承、弘扬徐老人格精神和教育思想。

徐特立学院程杞元副院长指出，徐老作为北京理工大学前身——延安自然科学院的主要创建者、老院长，是北京理工大学特色文化形成的代表性人物；徐特立学院就是为纪念传承徐特立老院长精神而成立的，学生学习传承徐特立老院长生平事迹和精神已经成为学院人才培养思想铸魂的重要特色；此次来到长沙，开展"重走徐老院长初心路"主题教育实践，就是为了追寻老院长的初心，让学生们亲身了解和感受老院长的思想与精神，挖掘徐特立精神的当代意义，将徐特立思想更广泛地在青年中传播。

梁堂华还介绍了长沙师范学院在研究、学习、宣传徐特立方面所做的主要工作。他指出，长沙师范学院作为徐老亲手创办的百年老校，作为全国最主要的徐特立纪念地和研究基地，一直视徐特立人格精神和教育思想为最宝贵的精神财富，将弘扬徐老精神作为永恒的神圣使命，运用于学校的教育教学和管理。

长沙师范学院获取北理工"徐特立奖学金"的申鑫玉、吴娜娜两位同学，汇报了自己的学习、生活等情况；学工处刘聪老师介绍了长沙师范学院评选"徐特立奖学金"的做法。来自北理工学生事务中心的张京老师表示，长沙师范学院在传承与弘扬徐老精神方面做得十分出色，在人才培养和学生管理方面也探索出了独特的方法；学生获得"徐特立奖学金"既是一种鼓励，也是一种督促和警醒，期望有更多的优秀学子能得到奖励。

座谈会后，学生们参观了徐特立纪念馆。纪念馆内，徐老的一张张老照片、一件件生前所用物品、一句句朴实话语，让他们直观地认识了这位"坚强的老战士"为革命事业鞠躬尽瘁的高尚品质和人格风范。参观完纪念馆，学生们又来到徐特立公园参观，在杏坛、师恩台、师圣阁等景点，感受徐老的崇高风范。

经商定，北京理工大学将长沙师范学院徐特立纪念馆设为红色教育实践基地，每年将组织学生实践团来参观交流，开展实践活动。

建设红色资源融入高校思想政治教育的协作体制，旨在加强学校、政府、社会组织门之间、人员之间为红色资源教育而协调配合，力争实现高校各部门、各人员间的合作以及红色文化教育相关信息、技术、资源的共享。

1. 加强校内协作

要落实红色资源融入高校思想政治教育工作，单凭某一个学校部门的努力是不够的。必须调动高校各个部门的力量，形成党、政、工、学、团齐抓共管、统一推进的协作体制。红色资源的主要功能在于育人，因此，为了让红色资源的教育活动在高校中得以顺利开展，需要教师的引导和灌输，需要学生处、校团委等部门的协调组织，还需要后勤部门和班主任的参与和帮助。高校应该将红色资源的育人视角从德育、智育拓展到体育、美育等方面，鼓励各相关部门参与到红色资源的教育活动中来，以实现人的全面发展为最终目标。

2. 推行校际合作

近年来，不同地区和高校针对红色资源教育都积极展开实践活动。由于所处的环境、学校历史、办学特色和理念等因素的不同，各高校在红色资源育人实践中都展现出其独特的特色和成果。为了进一步推进红色资源的育人工作，高校之间需要加强联动，开展访问学习、教研活动和经验交流。这样的联动将有助于打破高校各自为营的红色资源育人实践，使其形成一个统一的整体，实现红色资源的共享和优势互补。通过联动合作，高校可以不断拓宽红色资源融入思想政治教育的思路和视野，推动红色资源教育工作的全面发展。

3. 实现校企协作

红色资源是中华优秀传统文化的重要组成部分，作为教书育人和科学研究的重要阵地，高校应积极参与红色教育和红色资源研究的领域。高校应深入挖掘红色资源的核心内涵，揭示其在当今时代的价值，使红色资源的思想政治教育功能在高校、企业和社会中发挥作用，并释放更大的向心力和感召力。为此，高校应与地方的文化部门和文化企业加强合作与联系，建立红色文化思政教育实践基地，为讨论式和体验式思政教学活动提供重要舞台。同时，高校应充分发挥科学研究和创新的优势，形成产学研相结合的红色资源发展理路，提升红色文化产业的竞争力，推动红色资源在高校中的传承与发展，为红色资源的繁荣作出贡献。

二、积极构建红色资源融入高校育人实践格局

在红色资源融入高校育人活动实践过程中，多强调社会价值，而忽视大学生成长规律、融入方法不适合学生身心发展、教育方式倾向于行政推动、教育内容无法吸引受教育者等问题，这些都是需要高校关注和解决的。因此，构建红色资源融入高校育人实践的规范化、生动化、生活化和社会化格局，对于开展红色资源融入高校育人实践活动具有重要的意义。只有充分考虑学生成长规律和身心发展，制定适宜的融入方法，采用多元化的教育方式，设计内容吸引力强的教育内容，并加强与社会各方面的联系和融合，才能实现红色资源在高校育人活动中的有效发挥，更好地促进学生思想政治教育的提升。

（一）完善规范化格局

红色资源要有效融入高校的思想政治教育中，必须遵循两个规范。首先，需要实现红色资源教育价值取向、教育内容和教育方法的规范化。这意味着高校必须注重高等教育的导向与理想，而非效益和功利。红色资源教育应以大学生精神品德的塑造为起点，教育内容和方式需要与大学生成长规律和身心发展规律相适应，并顾及学生的要求、接受程度和心理需要。红色资源教育应遵循育人实践教育规律，逐步渗透到大学生的思想深处，让学生从认知到认同，再到理解和践行。其次，需要实现红色资源教育活动的规范化，克服时间节点上的"一阵风"热潮和活动组织的随意性，对高校红色资源教育活动进行整体性的规划和安排。活动载体对于红色资源融入高校育人实践起着非常重要的作用。因此，高校应该采用各种各样的活动形式，如红色文化演出、演讲、展览等，承载红色资源的教育内容。但同时也不能割裂大学生与红色资源的"持续交往"，要让红色资源融入高校的日常生活和教育中，让学生在不断学习和探索中感受到红色资源的价值和意义，以此促进学生的思想政治教育的提升。

（二）创新生动化格局

将红色资源融入高校育人实践需要不断实现教学氛围与教学内容的生动化和趣味性。红色资源涵盖丰富的历史和社会内容，教育者需要具备良

好的表达能力和情感投入，以传递给教育对象情感共鸣。在营造教学氛围方面，教育者可以借助红色资源的多种表现形式，如红色歌曲、历史影像资料等，来烘托课堂氛围。在教学内容方面，可以利用红色资源相关的慕课、视频等来增加教学的吸引力，提高学生对思想政治教育课程的参与度。在教学方法方面，可以创新教学模式，充分利用红色资源。在选择红色资源教学内容时，要注重与课程内容的联系，并注重信息传递的方式和方法，以讲好红色故事。红色故事的讲述要尊重历史逻辑，实事求是地展现，言之有据。通过真实地呈现历史和事实，激发学生的主观能动性，使学生能够主动思考，作出判断和选择。

（三）稳固生活化格局

红色资源记载着中国共产党带领全国各族人民革命、建设和改革的奋斗历程，对于现今的大学生来讲，难免存在一定的"时代感"，甚至有些学生错误地将红色资源认定为"过时"的内容。当代大学生自我意识、独立意识较强，较之于前辈，其对红色资源有自己的认识和判断，对革命英雄、榜样模范有自己的看法和理解。如果还是以传统的红色文化教育理念运用于对当代大学生的思想政治教育，难免会犯"张冠李戴"的错误。红色资源在高校的教育实践必须稳固生活化格局。首先，对于红色资源的介绍要尊重历史事实，既不能夸大红色资源对历史的贡献，也不能抹杀红色资源对革命、建设和改革所起到的重要作用。就以红色资源中的榜样人物来讲，在对他们进行宣传和讲解时，教育者一定要避免"政治化""完美化"的介绍，要让大学生认识到英雄不是完美的指代，他们也有血有肉，有情感有弱点，具有很生活化的一面。同时也是告诉大学生以英雄模范为榜样并不是在做可望而不可即的"傻事"，更是一种内在价值追求的表达。其次，稳固生活化格局的实现还应紧紧抓住红色资源时代性的特点，多挖掘现实生活中真实生动的红色文化精神和榜样人物，揭示他们继承红色基因、传承红色文化的行为本质。例如，徐特立先生的实干精神等，都是红色文化在新时代的再现与继承，用生活中的这些真实事例教育和鼓励我们的大学生，必定更容易获取他们的认同和赞赏。

（四）夯实社会化格局

大学生在离开高校走向社会时，需要为社会发展和人民群众服务。同时，让红色资源在中国大地上不断传播和创新，发扬光大，也是青年一代肩负的责任和使命。因此，将红色资源融入高校育人实践活动中，应致力于为大学生提供面向群众和社会的机会。高校在挖掘和传播红色资源时，一方面依靠校内力量，另一方面也要注重社会效益。高校内的红色文化博物馆、陈列馆、展示馆已经从注重物品收藏转变为注重为人服务的社会职责，对于促进社会文明进步和发展发挥着越来越重要的作用，教育的价值也相应提升。例如，徐特立纪念馆主要面向长沙师范学院师生员工开放，同时，纪念馆作为爱国主义教育基地，免费向社会开放。纪念馆将每个新学年开始集中接待本校新生参观，作为新生入学教育的必备内容之一；平时则实行定期开放。这有助于让更多人身临其境地感受学校的历史和红色文化，同时将接受到的教育信息传递给更多人，有利于红色资源在社会教育中的渗透和传播。

三、全力打造红色资源融入高校育人实践高地

高等教育作为培养时代新人的关键环节，对于提升公民素质具有不可或缺的作用。高校作为高等教育的重要平台，既是教育者与受教育者的聚集地，也是高等教育资源、教育经验的汇聚之地。其中，具有深厚思想政治教育价值的红色资源，对于坚定政治立场、培养坚韧意志、塑造健全人格、提升党性修养具有不可替代的教育功能。将红色资源融入高校育人实践，是大学生马克思主义意识形态教育的重要一环，也是新时代中国高校立德树人的本质要求。为此，高校应从红色资源的整合、研究创新、传播发展等多个渠道，着力打造红色资源融入高校育人实践活动，以更好地发挥其教育功能。

（一）打造红色资源高地

打造红色资源高地，首先就是要对这些有益的教育资源进行整合。红色资源在我国的分布本就十分广泛，而且某一地域内的红色资源又呈现出分散的特征，这也就使得高校所掌握或者说拥有的红色资源以当地区域内的红色文化和全国知名度较高的红色文化资源为主，如井冈山红色文化、延安红色文化等耳熟能详的红色文化资源。因此，在全国范围内建设高校

共享的红色文化资源库就显得非常有必要了。当然，这样的一项工作并非一所或几所高校能够完成，可以先以省为单位，建立起省级红色文化资源库，让全省范围内的每一所高校都发挥自身的地缘优势、历史优势以及办学特色，结合红色资源育人实践中的经验总结，筛选相应的红色资源、教育资源为资源库的建设添砖加瓦。如长沙师范学院的徐特立研究所，主持或参与完成了湖南省教育厅优秀青年项目"徐特立的人格风范研究"，湖南省哲学社会科学基金项目"徐特立的道德模范意义研究""徐特立教育思想渊源研究"，湖南省哲学社会科学成果委员会立项课题"湖南教育近代化研究""徐特立人生道路选择的归因研究"，湖南省社科基金项目高校思想政治教育研究课题"高校德育校本资源开发与利用研究""徐特立道德示范与大学生道德失范教育研究"，湖南省普通高校校园文化精品建设项目"弘扬徐特立精神，打造特色校园文化"，湖南省教育科学"十二五"规划高校党建研究专项重点资助课题"师德楷模徐特立在高知识群体创先争优活动中的榜样效应研究"，湖南省教育科学"十二五"规划研究基地专项课题"传承、弘扬徐特立教育思想，构建长师特色人才培养模式的研究与实践"等多项省级课题。

（二）打造红色资源研究高地

打造红色资源研究高地需要在红色资源研究的深度和广度上下功夫。要建设专业的红色资源研究团队，明确研究主题，吸引资深的研究人员加入其中。要深入挖掘红色资源的精神财富，思考如何在红色资源中挖掘出更多的革命历史、革命传统和革命精神，进而更好地传承红色文化。从广度上讲，不能仅局限于对红色资源价值功能的研究，要将研究视角触及更多与红色资源相关的其他领域。从深度上讲，红色资源研究方兴未艾，但从目前的研究成果上来看，对红色资源的研究未成体系，研究的问题不够深入，研究结果也存在不断重复、缺少创新等问题。要深入红色资源的研究需要进一步挖掘新的红色资源。从研究活动的组织上来讲，要加强高校同地方政府的合作与交流，依托高校构建高水平的红色资源学术研究平台。例如，红色纪念馆、爱国主义教育基地等机构在承担参观服务的同时也应该转变思路与高校一同展开相关的科学研究，共同为红色资源的传承、文化资源的开发进行深入探索。

（三）打造红色资源传播高地

红色资源要融入高校育人实践活动并实现红色精神走入学生内心，就必须面向大学生喜爱的网络新媒体平台，打造红色资源传播高地。

1. 实现红色资源传播的话语转换

红色资源在高校的传播以大学生群体为主要受众，他们习惯于在网络虚拟空间进行交流交往，所形成的网络语言包括他们生活的方方面面，既有对当下时代的自我表达，也有在交往互动中形成的极具亲和力的网络特色语言。因此，红色文化传播话语要与现代语境相对接，要结合网络文化的发展，对红色文化精神、红色文化经典故事等主要内容进行整合，从话语表达上做出凝练与提升。例如，可以将红色资源凝练成简短的视频、音频、口号等形式满足大学生碎片化学习的需要。

2. 树立红色资源宣传媒介一体化思路

宣传媒介一体化思路是高校在红色资源传播中实现媒体融合的关键，这种理念旨在通过改变传统宣传模式，充分利用新媒体的传播优势，提升红色资源的传播效果和影响力。在传播内容的创新方面，需要在原有红色资源的基础上，挖掘更深层次的内涵，并利用多种艺术形式进行展现，包括微电影、短片、歌曲、演讲等形式，将红色资源转化为思想政治教育的优秀作品，以吸引大学生的关注和喜爱。同时，需要关注传播流程的设置和更新。传统的宣传模式往往是单向的，缺乏互动性和针对性。而现在，依靠宣传媒介一体化建立的双向互动的传播流程，可积极收集大学生的反馈和意见，不断调整和优化传播策略，以提高红色资源的传播力和引导力。在这个过程中，需要利用好新媒体的优势，如社交媒体、网络直播、短视频平台等，以适应现代大学生的信息接收习惯。在传播载体的选择上，需要充分考虑红色资源的特性，以及新媒体的特点。传统的宣传媒介如海报、传单等已经无法满足现代大学生的需求，需要寻找更多具有互动性和参与性的传播载体，如 VR 技术、AR 技术等，实现红色资源的双向联动传播。

3. 创新红色资源传播形式

宣传形式的创新，不能脱离网络新媒体这个支撑平台。网络、手机等新媒体已经成为大学生日常生活的重要组成部分，这种新媒体形式已经超越了传统媒体的范围，成为大学生们获取信息的主要渠道。因此，将新媒体与红色资源的开发、思政课教育教学有机结合，是一个非常明智的选择。新媒体具有信息容量丰富、时空联络及时、交流即时互动、操作简单便捷等诸多优势，这些优势不仅可以为思政课教育教学提供丰富的素材和教学环境，还可以增强思政课教育的实效性和时效性。这是因为新媒体可以打破传统教育教学的时空限制，让学生随时随地都能接受到教育教学的熏陶；同时，新媒体还可以提供多样化的教学形式和互动方式，增强学生的学习积极性和参与度。在当前的形势下，要积极利用 SG 技术，以及 AR、VR 等先进技术，创新红色资源的传播形式。这些技术可以将红色资源以更加生动、形象、真实的方式呈现出来，从而更好地吸引学生的注意力，增强思政课教育的效果。当然，在创新宣传形式的过程中，还要注重实效性和可持续性。不能一味地追求形式的新奇和效果的一时之快，而要注重长远的影响和效果。只有这样，才能真正发挥宣传的作用，增强思政课教育的实效性和影响力。

4. 成立红色资源传播团队

在高校成立红色资源传播团队，既要注重组成人员的专业性，也要强调成员选择的大众性。专业性是关键，因为红色资源的传播离不开专业人士的技术贡献、科学规划和规范管理，这是营造风清气正的传播环境的基础。同时，也要注重成员选择的广泛性，将有情怀、有兴趣、有特长的教师、科研人员等纳入团队，使红色资源更好地融入高校师生的脑、心、行。

思政园地 --->

要把红色资源运用好，把红色基因传承好，培养一茬茬、一代代合格的红军传人。

——2019 年 5 月 21 日，习近平在视察陆军步兵学院时的讲话

参考文献

［1］李超．红色文化与高校育人研究［M］．北京：中国社会科学出版社，2023．

［2］徐柏兴，肖海龙．红色文化育人校本实践［M］．北京：光明日报出版社，2023．

［3］王娇，石宇洲，等．红色文化资源融入大学生思想道德教育的路径与机制研究［M］．成都：四川大学出版社，2023．

［4］王敏，滕淑娜．红色文化融入高校"大思政"育人研究［M］．北京：九州出版社，2023．

［5］张泰城，等．红色资源教育教学的理论建构研究［M］．北京：社会科学文献出版社，2022．

［6］徐初娜．红色文化与高校思想政治教育耦合发展研究［M］．北京：新华出版社，2022．

［7］苏基协．新时代高校"三全育人"理论与实践创新研究［M］．西安：西北工业大学出版社，2022．

［8］吴坤埔，彭杨．高校"三全育人"开展路径探索与创新［M］．西安：西北工业大学出版社，2022．

［9］俞国良．大学生心理健康［M］．北京：首都师范大学出版社，2022．

［10］肖本新．大学生红色文化精神教育［M］．长春：吉林大学出版社，2021．

［11］史建伟，聂宁宁，张赞，等．特立精神研究与育人实践［M］．北京：北京理工大学出版社，2021．

［12］杨小丽，孙宏伟．大学生心理健康教育［M］．北京：科学出版社，2020．

后　记

　　本书是 2022 年"芙蓉计划"——高校优秀思想政治工作者项目《校本红色资源融入高校铸魂育人创新实践研究》成果、湖南省社科成果评审委一般项目《时代湖湘红色文化融入大学生思政教育路径研究》成果。笔者撰写本书的目的是以"特立精神"为学习榜样，彰显既做经师又做人师的担当精神，从中汲取奋进的力量，努力成为"经师人师合一"的"大先生"，真正对得起国家、家长和每一个学生。

　　红色资源是高校校园文化的重要载体和内容。各地的红色旧址、场馆等本身就是一本生动的教育资源，就其内容而言，红色文化是高校校园文化的要素之一。校本红色资源是学校最宝贵的精神财富，也是学校开展红色教育的"营养剂"与"传家宝"。学校应依托独特的校本红色资源优势，积极探索一条以"大思政"育"大先生"、以"红色校史"铸"红色师魂"的创新之路。

　　《校本红色资源融入高校铸魂育人的创新实践——以"特立精神"融入高校"三全育人"为例》一书共五章，20 万字，各章内容如下：第一章为红色资源及其发展历程，主要包括红色资源概述、红色资源的发展与时代价值、红色资源蕴含的思想政治教育理念和红色资源与中华优秀文化的深度融合等内容。第二章是以"特立精神"为例的文化育人实践探索，主要包括文化及其育人功能、文化育人的内涵与价值、校本文化育人实践等内容。第三章为新时代高校思想政治教育的校本红色资源传承，主要包括校本红色资源融入高校课程思政分析、校本红色资源融入高校校园文化、校本红色资源融入高校传播媒介和校本红色资源融入高校实践育人分析等内容。第四章为新时代高校校本红色资源育人机制研究，主要包括校本红色资源全员育人机制、校本红色资源全程育人机制、校本红色资源全方位育人机制等内容。第五章为新时代高校校本红色资源融入育人实践的运行机制，主要包括校本红色资源融入高校育人实践的运行原则、校本红色资源融入高校育人实践的运行方式、校本红色资源融入高校育人实践的运行途径等内容。

本书具有以下三个特点：其一，具有一定的适时性。本书将帮助广大师生了解校本红色资源融入高校铸魂育人的现状，掌握校本红色资源融入高校铸魂育人的特点，提高校本红色资源融入高校铸魂育人的重要性和紧迫性认识。其二，具有一定的系统性。本书比较全面系统地对校本红色资源融入高校铸魂育人取得的巨大成绩、存在的问题及其原因、对策措施等作了较为详细的论述，涉及面广，信息量大，内容丰富。其三，具有一定的实用性。本书的各个篇章，既有实践调查，也有理论分析，又有较强的操作性。

在本书的撰写过程中，笔者参考、引用了部分相关书籍和资料，在此表示衷心的感谢。由于时间及知识水平有限，书中不当之处在所难免，恳请广大读者在使用过程中批评指正，并提出宝贵的意见和建议。

作 者

2024 年 10 月 24 日